在水一方

在日本尋找中國歷史

黃可兒 著

中華書局

目錄

第一章 傳說東渡

第二章 奈良古風

第三章

中日友誼

第四章

歷史回音

丁新豹

日本是港人外遊的首選。年青人追求潮和酷，東瀛正是他們的朝聖之地，不作他選。本人已過從心所欲之年，但不瞞您說，想起往外走走，腦海裏仍是浮現出京都奈良的庭園塔影。修讀中國文學、歷史、藝術出身，在博物館工作了大半生的我，對日本的興趣不在於它的新，而在於它的舊。

年青人可能不知道，日本文化的根源在中國文化，尤其是唐宋兩代的文化，是不爭的事實。您對中國文化認識越深，會對日本文化興趣越大，有時候甚至不無禮失求諸野的感覺。從日常的用語詞彙，到建築、造園藝術、繪畫、書法、茶道、花道、香道，無不發源於中國文化，或受過中國文化的薰陶。比方山南水北為陽，反之是陰，來自《詩經》，日本本州朝太平洋的鐵路叫山陽線，向日本海一面稱山陰線，正是這個原因。日本語常見的「表」是外、「奥」是內、糖叫「飴」、站叫「驛」，這種例子不勝枚舉，懂得中國古文的人會有一種似曾相識的親切感。奈良的法隆寺，是現存世上最早的木構建築，其佈局、建築樣式植根於隋代，寺內的佛像有着北魏造像的影子，日本平安時代風行「唐繪」，室町時代的水墨畫受到南宋馬遠、梁楷的影響，而日本著名畫家雪舟更曾遠渡重洋，到明代中國學習觀摩，終成一代宗師。日本人把從中國傳過來的喝茶、插花、燃香禮儀化，並賦予哲學思想內涵，轉化為一種「道」，來自中國的庭園藝術在日本加上佛教禪宗的影響，出現了「枯山水」，把原來供主人玩樂的園林轉化為僧侶潛修之所，境界高了一籌。

原來中國的歷史人物也與日本拉上關係，黃可兒的新著《在水一方：在日本尋找中國歷史》介紹了二十多個與日本有關係的中國歷史名人，並列出其與日本相關地區，資料性和趣味性兼備。黃可兒修讀歷史出身，多年以來踏遍日本各地，考察各地風俗歷史，是個日本通，此前已出版過五本書籍，深受讀者歡迎。新書付梓在即，謹綴數言以為序。誠摯向廣大讀者，尤其是不時去日本旅行的年青人推薦此書。

宮寺理美
日籍中日文化交流推廣網紅

（宮寺小姐以中文寫作之原文）

「中華文化就像日本文化的父母、哥哥、姐姐一樣的存在」，
這是我在興趣和服和中華文化圈的朋友們的交流中學到的。
例如，和服領子交叉的方向。這和中華文化圈一樣。
日本過去曾以唐朝為範本推進法律整備，
這反映了「四夷左衽」的中華思想。
精通日本文化的作者在日本重新發現本國文化是與我相反的過程。
日本文化的源頭是中華文化。

兩者的文化就像一條永不枯竭的大河，把我們聯繫在一起。
對文化的理解，對相互尊重的關係，一定會有好的影響吧。
作為一個日本人，我夢想着這本書能用日語讀的日子。

在日本找尋中國歷史軌跡

走在京都街頭，我在想：「有人說唐宋在日本、明朝在韓國、清朝在台灣地區。」

長安就好像今日的京都，那些古老的建築、寺廟與伽藍，無一不在提醒中國文化如何影響日本歷史文化發展。

吉備真備、阿倍仲麻呂，曾經來到泱泱大國——唐，吸取了唐土文化後帶回國家。

時至今日，日本語中還分開了音讀、訓讀。音讀的字詞使用唐土輸入的讀音，訓讀採用的則是自古日本人採用的讀音。

我們試以「富士山」的「山」做例子。

「山」的音讀是「さん（san）」，訓讀是「やま（yama）」。古代中國留下來的讀音，在現代依然存在於部分日本詞彙當中。

平安時代紫式部用平假名寫下了《源氏物語》。那個時代，來自高貴家庭的男子可以做學問，學習書寫漢字；女性卻只會寫平假名。因此，男子寫的是「山」，女子寫的卻是「やま」。

但是紫式部是飽讀詩書的女史，她自幼與兄長共同跟隨老師學習中國文化，因此在她的作品中，白居易的詩也出現了約莫百遍。平安時代，白居易的詩在識字階層與貴族之間極為流行。尤其唐玄宗李隆基與楊貴妃玉環的愛情故事，更是從平安時代流行到今天。不止紫式部作品中曾提及安史之亂楊妃女禍導致亡國，一九五五年日本電影監製溝口健二亦曾經用楊貴妃作為題材，跟香港合作拍攝電影。

我個人認為楊貴妃是日本歷史上最家喻戶曉、帶着最多傳說色彩，也是最為人津津樂道的中國女人。單單是在日本跟楊貴妃有關的各地名勝和事物，就可以隨時數出楊貴妃琵琶、楊貴妃觀音、楊貴妃墓地、楊貴妃登陸之處……

早在上個世紀，香港作家李碧華在短篇小說《荔枝債》中，用疑假似真的筆觸記錄了楊玉環跑到日本、生生世世轉生再遇見李隆基的浪漫故事。

日本最受歡迎的唐代詩人白居易在《長恨歌》是這麼說的：

忽聞海上有仙山，山在虛無縹緲間，樓閣玲瓏五雲起，其中綽約多仙子。中有一人字太真，雪膚花貌參差是。

海上仙山就是蓬萊。

蓬萊就是東瀛。

東瀛就是日本。

古今中外，有太多人為李隆基以及楊玉環嘆息。

就跟日本傳統的平家後人隱姓埋名、織田信長其實離開了本能寺避世等傳說一樣，在後人不想讓楊玉環死在「六軍不發無奈何」的慘況下，從而大膽幻想貴妃娘娘偷偷跑到海邊搭了遣唐使的船，在日本某個海岸上落，過着平靜安穩的退隱生活……

在研究楊貴妃在日本留下的足跡之時，發現在我走過的四十七個都道府縣中，竟然上古至神農氏，近代至國父孫中山，在日本各地能夠找到為數不少跟中國歷史相關的地方，而且當中很多都在知名的旅遊熱點附近。這個發現讓我驚喜萬分。

我的日本籍好朋友宮寺理美對中國文化極有興趣。除了學習中國語言，還鑽研歷史、漢服、旗袍。

這次我把日本各地找到的中國歷史輯錄成書，也得到好友的支持、指導與鞭策。

希望這本書能為大家展開一次在日本各地遊走的中國歷史時光穿梭之旅。

中日文化地圖

108 毛越寺

159 魯迅銅像

159 東北大學史料館魯迅紀念展示室

035 殺生石

185 瑞龍山水戶德川家墓所

185 朱舜水先生終焉之地（東京大學校園內）

185 小石川後樂園

167 湯島聖堂

135 日比谷松本樓

071 飛鳥寺

088 葛井寺

041 阿須賀神社

041 徐福上陸之碑

041 徐福公園

第一章 傳說東渡

第二章 奈良古風

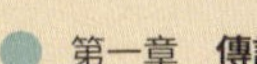

第三章 中日友誼

第四章 歷史回音

088 若草山（三笠山）
088 春日大社
078 平城宮跡歷史公園
098 唐招提寺
061 藥師寺

025 晴明神社
176 元寇防壘
115 福岡市博物館
176 鴻臚館跡展示館
115 巨型金印
015 織女石
015 少彥名神社
015 鹽野義製藥本社
015 田邊三菱製藥史料館
025 安倍晴明神社
205 春帆樓
205 日清講和紀念館
195 鄭成功紀念館
195 鄭成功紀念公園
124 孫文紀念館（移情閣）
051 楊貴妃之里
115 金印公園

124 南京町
124 神戶華僑歷史博物館
147 荒尾市宮崎兄弟資料館
135 長崎市舊香港上海銀行長崎分店紀念館

第一章

傳說東渡

百草藥神 1

藥神神農氏 默默鎮守大阪市金融市中心

時間回到約二百年前麻疹猖獗的江戶時代。浮世繪師歌川芳藤在作品《麻疹禁忌》中，描繪了母親與子女在家中欣賞神農氏的掛畫，以防麻疹的奇妙情景。

跟中國傳說中長牛角、執赭鞭（赤紅色的神鞭）、透明肚、近乎外星人的外觀稍為不同，掛畫中的神農氏除了長有一雙傳統日本鬼怪的角，就跟普通人類無異。

中國是古代醫學發源地之一。早在公元四一四年中國醫學知識已經從朝鮮半島間接傳到日本。五六二年，吳人知聰攜帶醫藥書《明堂圖》一百六十卷飄洋過海，為中醫書籍首次直接傳入日本。在各書籍中，東漢時代的藥物書《神農本草經》的影響最大。由於作者不明，又託稱神農氏所撰，神農氏的名稱從此就奠定了江湖地位。

嚐百草、教農耕的神農氏

傳說中，在黃帝出現前五百年，神農氏已經存在。由於懂得用火而受到族人推崇的神農氏又稱為炎帝，中國歷史上第一個部落就是由神農氏開創。炎黃兩大部落融合之前，農耕文明在黃河流域已有數千年以上的歷史。

神農氏除了嚐百草成為中國醫藥之神外，另一個身份就是教民墾荒種地、使用農業器具、種植農作物的農神。另外，紡織也跟神農氏大有關係！抽出麻絲、利用輪紡織布、發明養蠶的嫘祖，便是神農氏的後代。順帶一提，中國有七月七日鵲橋相會的織女傳說，日本也有七夕習俗，不過傳統習俗跟中國略有分別。離開大阪市前往附近同屬大阪府的交野市，跟着地圖指示，就可找到織女傳說留下來的織女石。

神儒習合　與日本藥祖少彥名命合一

日本傳統的神明系統中，本來也有農祖「少彥名命」。不過當神農氏去到日本後，受到神儒習合現象影響，兩者合而為一。今時今日，我們竟然還能在大阪市市中心地下鐵站旁邊的神社裏，發現神農氏與少彥名命和平共存的的畫像、繪馬。

大阪的道修町位於大阪市市中心心臟地帶，戰國時期已成為全國的藥市，販賣藥物的商戶比目皆是，大家熟悉的小林製藥（安美露）總公司也在道修町。沒有人會想像在橫街小巷，竟然會發現遠古的中國神話傳說人物——神農氏的蹤影就隱藏在少彥名命神社之內。

在唐代，中國醫學實踐得到進一步豐富，特別對腫瘤認知更廣泛、深入、詳細。唐朝設有世界上最早的醫學院——太醫署，日本也在七〇一年仿唐設立典藥寮。從唐歸來的學問僧，也在日本栽培藥用植物，並且派遣留學生在中國學習醫學。日本文獻《文德實錄》記錄菅原梶成留唐學成歸國後任「鍼博士」（即是針師）和御醫，其後日本本國的醫學既吸取外來養份，同時自我改善。

一八二二年，大阪「虎狼痢」（即是今日的霍亂）極為猖獗，但當時日本人不知道這種疾病跟衛生與食水相關，只能透過求神拜佛保平安；同年位處今日大阪府大阪市內

地圖旁邊介紹每年十一月二十二日至二十三日的神農祭典，假如要到關西看紅葉，不妨把祭典放在行程裏，一起來感受神農氏的恩典，祈求身體健健康康。

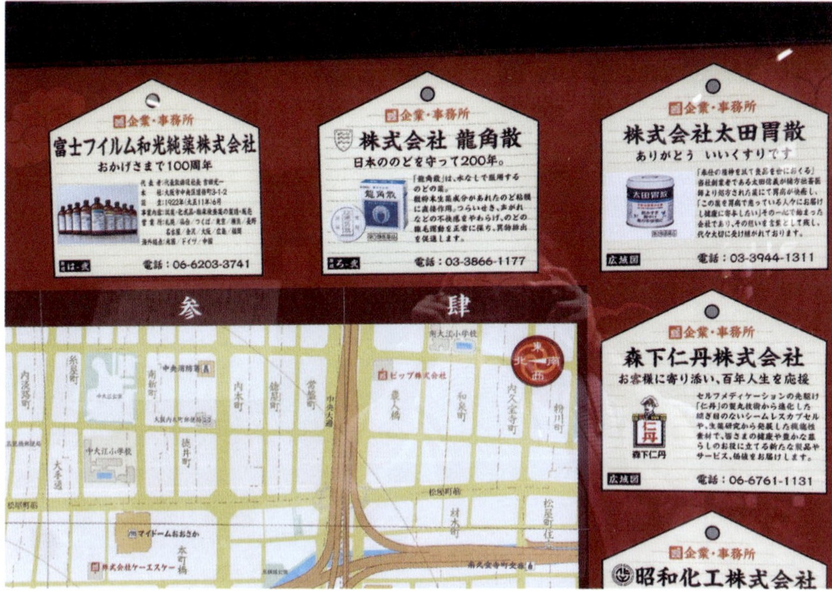

位於大阪地下鐵沿線、北濱站周邊的「道修町通」藥物公司（上）以及旁邊的解說路牌（下）。由於這裏聳立神農氏的相關神社，加上幾百年前這裏已經是藥物集中地，所以知名的製藥公司多在這裏設立部門。

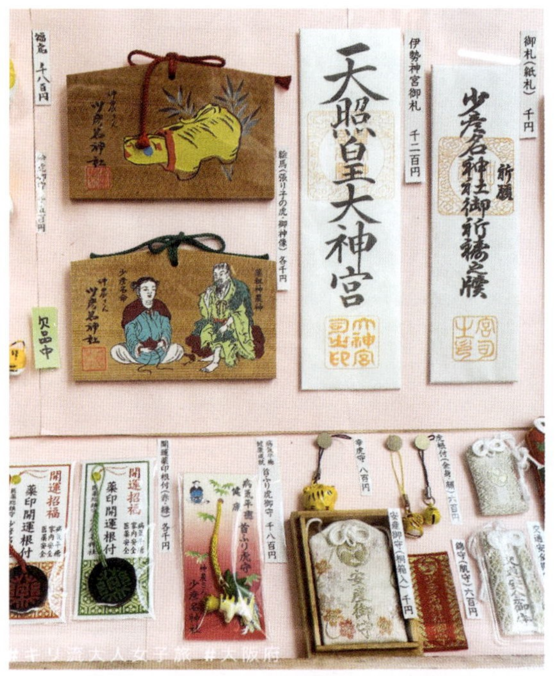

少彥名神社內販售的神農氏圖以及筆者抵達時已經賣光的神農氏繪馬。根據當地朋友指出，中國遊客都喜歡買來當作紀念品送給家鄉的親友。幾百年前日本當地人相信貼上神農氏的圖像可以保佑家宅健康，神社販賣的必定更加法力無邊吧！

的地鐵站「北濱駅」的道修町，首次在冬至（十一月二十三日）舉行神農祭，向民眾派發「虎頭殺鬼雄黃丹」及稱「神農之虎」的紙老虎護身符。一八三三年，京都醫師茅原定在《茅窻漫錄》中記錄了人們在神農祭典活動中食用「赤豆餅、赤豆飯」，又親友雲集，舉行賀宴，習俗跟中國明清相類似。

道修町的「漢方藥」

道修町的藥店多，跟幾百年前中國跟日本的海上貿易亦大有關係。江戶時代製藥發展遍布全國，各地獨自製作藥的藥種商，就聚集在美稱為「天下的廚房」——大阪。這時候，九州的長崎開始有貿易商進口中國製造的「唐藥種」，經運送來到大阪道修町進行檢查和銷售。使用中國藥方的藥物稱為「漢方藥」，使用中國的養生、針灸技術則稱為「漢方」。當時的德川幕府首府江戶（即今日東京）日本橋本町的藥種批發商，也從道修町購買唐藥種，在關東銷售。

一七二二年大瘟疫中，德川幕府八代將軍吉宗在大阪病倒，道修町獻上漢方藥。將軍痊癒後，道修町一百二十四家藥商獲得免除中間人買賣的專利，「藥町」地位更是牢不可破。一七八〇年，道修町成立少彥名命及藥祖神農氏合祀的少彥名神社，香火鼎盛至今。

少彦名神社位於大阪商業地區心臟地帶，神社雖然狹窄，卻肩負為市民祈求疾病痊癒的重任（上）。但凡身患重病，家族都會來到這裏祈福，希望家人能夠早日康復。神社旁邊的商業大廈內有神農氏博物館（下），這裏介紹道修町成為日本藥物聖地的歷史。

日本神社裏的神農氏繪馬

少彥名神社雖小，五臟俱全。穿過長長的紅色千本鳥居隧道，便會看見江戶時代曾經拯救萬民的紙老虎，以及寫上全日本各大藥物生產商名字的燈籠。這些都是各大藥商奉獻的製品，祈求自家製品生意興隆、拯救百姓。

在神社的賣店可以買到神農氏的圖像回家供奉，也可以買同時印有神農氏以及少彥名命的繪馬許下心願，祝福身體健康。不過令到對藥物、醫學、歷史有興趣的觀光客都在這兒流連忘返的，可能是神社的展示玻璃櫃：裏面放滿了各種家喻戶曉的藥物，例如大家熟悉的大幸藥品（正露丸）、森下仁丹、久光製藥（撒隆巴斯）、大塚製藥（娥羅納英）等不同年代的包裝，展示變遷。

香港人非常熟悉的森下仁丹在明治年間於廣島縣創立，適逢二〇二三年一百三十周年，製作了超級巨型的繪馬供奉於少彥名神社，祈禱公司生意興隆。

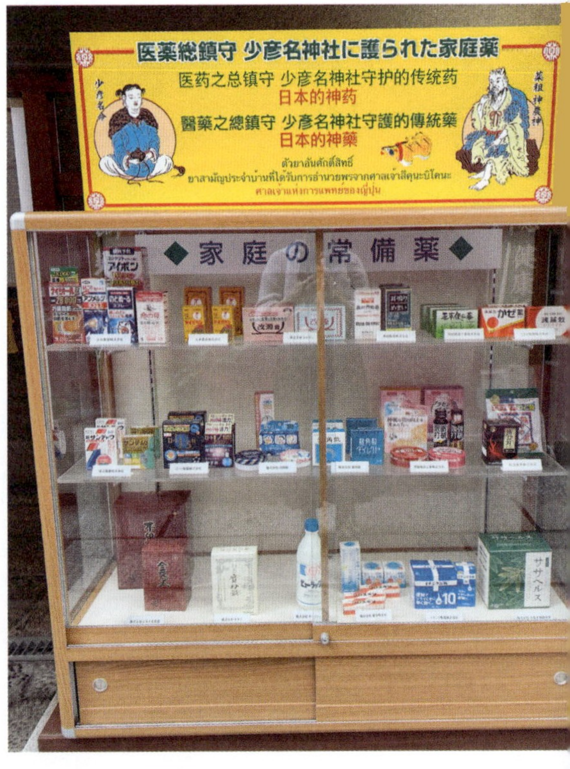

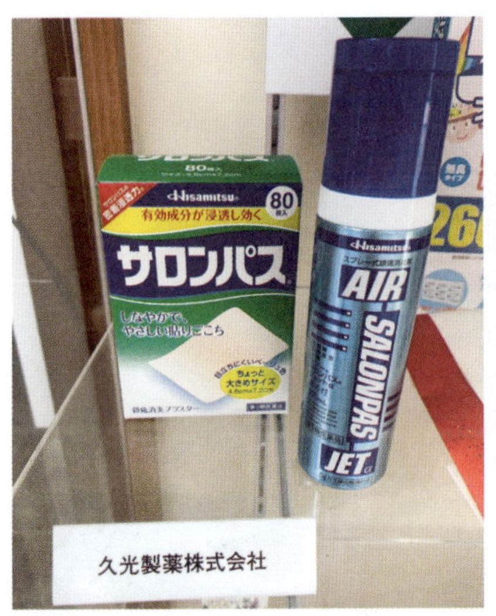

既然是日本重要的神農氏信仰與當地宗教合流的神社，日本知名的藥廠都會在這裏「插旗」分一杯羹。除了捐獻金錢保佑生意興隆，亦透過展示商品，向海外遊客——特別是中國人展示他們的藥物（右上）。例如撒隆巴斯本來是九州佐賀縣起家的品牌，亦在少彥名神社大賣廣告（左上）；此外還有洗眼藥水、安美露、喇叭牌正露丸，都是大家熟悉的品牌（左）。

藥之道修町資料館

這些日本傳統藥品之中，有很多已過百年歷史，在兩岸三地都擁有極高人氣。即使華人家庭家中，可能也備有這些「守門口藥」，偶爾會看到不同年代的家庭成員，對玻璃櫥櫃指指點點，父母給孩子講述自己的童年生病經歷，充滿回憶。

以少彥名神社為中心的三百米道修町藥街，現在是大阪地區名勝之一，神社旁邊是「藥之道修町資料館」。這是一個小小的資料館，簡介疾病、藥物、醫學發展等等關係，跟醫學博物館有點相似，卻以藥物發展為中心。在資料館旁邊還有「田邊三菱製藥史料館」和「鹽野義製藥本社」等日本曾經風雲湧現的製藥商的小型博物館，他們都開放給公眾參觀，推廣藥物歷史。

不得不提醒大家，大阪地下鐵「北濱駅」除了因藥商聞名，這裏還是大阪市中心、人氣咖啡店的集中地。例如「北濱 RETRO」和「GOKAN」，就在少彥名神社步行約五分鐘的距離，小心太興奮吃壞肚子，轉頭就要去神社跟神農氏、少彥名命乖乖認錯了！

少彥名神社
大阪府大阪市中央区
道修町 2-1-8

田邊三菱製藥史料館
（需要事先申請）
大阪府大阪市中央区
道修町 3-2-10
田辺三菱製薬本社
2F

鹽野義製藥本社
（1F 大堂自由參觀）
大阪府大阪市中央区
道修町 3-1-8 1F

織女石
大阪府交野市星田
9-60-1

天命最高 2 先秦百家爭鳴鄒衍╳京都陰陽師安倍晴明

春秋戰國時期的中原大地是歷史上最混亂的時期之一，為了探求亂世生存之道，出現了諸子百家爭鳴的局面。各科學說人才輩出，奠定後世中國哲學的扎實基礎。

在先秦九流十家中，最富神秘色彩的是陰陽家。陰陽家的代表人物鄒衍把「陰陽學」與「五行說」集大成，雖並未有完整獨立著作傳世，但他的學說卻影響了中國的所有思想和哲學，並成為了日本陰陽道的基礎理論。

陰陽家的學說有道家宇宙萬物陰陽之說，其次是五行的自然科學概念。某程度上是古代中國人對自然科學的觀察和紀錄。

陰陽五行與王朝興亡

鄒衍提出自然界中循環不息的金、木、水、火、土所代表的「五德」跟王朝興衰更替的關鍵。每個王朝有其代表之德，在興盛之時受命於天、繼承大統，故稱天子；若該德衰敗，就有代表另一德之王朝取而代之，所謂虞土、夏木、殷金、周火。

秦始皇統一天下後，以法家思想治國，但也採納鄒衍的「五德終始說」，以秦為「水德」，並尚黑色，企圖以陰陽家思想鞏固政權的正當性：周乃火德，為秦所滅。

秦朝覆亡，漢武帝獨尊儒術，罷黜百家。從此以後，儒家學說成為中華文化之根基。但是漢朝也不忘五德終始之說：秦屬水德，因土剋水而遭土德之漢滅之。

掌天文曆法的日本陰陽寮

鄒衍的陰陽家學說在古代中國大行其道，但陰陽家在中國往後歷史發展中卻日漸融合到道教儀式、風水運程。陰陽家於六〇二年百濟僧侶觀勒來日時傳入日本，開枝散葉演化出陰陽道、陰陽寮，扎根日本官僚體系並流傳到一八七〇年的明治年間才被廢除。

由於知道中國歷代王朝都有用陰陽五行解釋王朝興亡，日本既需要占星天文曆法的知識，也要防備不法之徒以此道蠱惑人心，動搖國本。應時而生的組織便是陰陽寮。

現代社會每個國家都有天文台預測氣象與天氣變化，但是在古代的日本，這些卻是稱為陰陽寮的政府機關工作。在日本最早的歷史書《日本書紀》中，陰陽寮最早的記載是在天武天皇在位的六七五年。陰陽寮掌管占卜、天文、時刻、曆法的觀察與判斷及相關的教育，可說是當時的科學、天文研究中心。由於事關重大，入職官員也有嚴格規定，基本上只有安倍氏和賀茂氏兩家繼承。

安倍晴明的史實與傳說

我們的主角安倍晴明是平安時代實際存在的陰陽師。陰陽師不但懂得觀星宿、相人面，還會測方位、知災異、畫符唸咒、施行幻術。對於人們看不見的力量，例如命運、靈魂、鬼怪，也都深知其原委，並具有支配這些事物的能力。由於後世喜歡以他為藍本創作各式各樣的故事，所以成為一千三百年間陰陽師中最象徵性的存在。

陰陽家傳入日本後迅速跟當地宗教信仰融合，發展成陰陽道。古代日本人相信人類和妖魔鬼怪生活在同一個世界，但是兩者位於平行時空，平常不相往來。但在特殊的空間與時間，兩者可以交會，當人類看見妖魔鬼怪招搖過市，必定會受到詛咒，這就是傳說中的「百鬼夜行」。

京都市上京區的晴明神社是供奉安倍晴明的神社，在這裏還能找到古代陰陽家東渡日本後留下的蛛絲馬跡。

位於大阪府大阪市阪堺電車沿線，除了第二章二節遣唐使出發的住吉大社外，還有紀念陰陽師安倍晴明出生的晴明神社。安倍晴明是一千一百年前的實際人物，正職是國家管理的陰陽寮的官員。在後世的創作中，晴明成為家喻戶曉的傳奇人物，日本人相信他的母親是狐狸，所以擁有超越常人的魔法。

大阪安倍晴明神社內部，年中有不少善信參拜，可能是因為夢枕獏的小說《陰陽師》，還有這些年來電影與動漫中描繪的陰陽師安倍晴明魅力太高吧！

日本的陰陽寮基於中國傳入的先秦諸子百家中的「陰陽五行説」，利用天文、曆數、卜筮等知識來占卜吉凶禍福。

五芒星

晴明神社鳥居上的額束（鳥居上牌匾的名稱）刻着金光閃閃的社紋「五芒星（又稱：晴明桔梗）」，佇立在參拜道路兩旁的是表現出陰陽的「日月柱」，南方為「日」，北方為「月」。

五芒星是陰陽道中使用的驅魔咒符之一，來源是陰陽五行説基本概念中代表木、火、土、金、水五個元素的作用相剋。對比日本其他神社的鳥居額束都刻字，以社紋取代文字是極為罕見的。

日本近代軍帽也喜好刺繡五芒星，代表戴着能防魔防彈；三重縣伊勢鳥羽的海女頭巾上也有五芒星，代表除魔辟邪，同時還有出海時安全歸家（一筆過畫星時，最後一筆必歸原點）的意思。

羽生結弦的粉絲都喜歡來到晴明神社許願。這是因為羽生結弦曾經以陰陽師的造型挑戰花式溜冰，流暢的動作如幻如夢，使人不自覺把他跟安倍晴明畫上等號。

戻橋、井與厄除桃

神社中的「戻橋」是從堀川河邊搬過來的。「戻」在日本語中解作「歸來」，傳說安倍晴明妻子嫌棄丈夫飼養的「式神（聽命工作的鬼怪）」外表醜陋，晴明唯有請他們住在橋下。在古代京都人心目中，戻橋是生人勿近之地，還留下相當駭人的鬼怪傳說。

熱衷家居風水的中國人每年立春都會轉變家中風水物的位置，晴明神社內的井亦有在每年立春之日旋轉井水出口以祈求好運的習俗。湧出的泉水可以生飲的，相傳有袪病效果。

晴明神社內還有「厄除桃」。在日本古代文獻《古事記》或《日本書記》中描繪了以桃退治魔物的故事，因此日本人相信碰上不祥之事時，只要撫摸厄除桃就可以除卻災厄。在中國，桃有「仙果」和「壽桃」美稱，桃樹也含有平安吉祥之意。有關愛桃這一點，兩地信仰頗有異曲同工之妙。

除了大阪府大阪市晴明神社外，京都府京都市亦有晴明神社，而且更為人熟悉。出生於大阪的晴明以陰陽師身份在京都工作，相傳他能召喚「式神」為他工作，更有不可思議的能力。

無論是大阪還是京都的晴明神社，都有以「五芒星」為記的御守售賣。在陰陽家的角度，這是「五行」的代表；但是在三重縣的海女，則認為星形代表能「回到原點」。因此，即使同是日本，符號和習俗仍是各地有不同的解讀。

道教之神泰山府君

最後，無論是先秦陰陽家，還是日本平安時代的陰陽道都帶有道教色彩，例如他們同樣供奉道教之神泰山府君。上面提到的「百鬼夜行」，也可以用道教的儀式「禹步」去破解：外出時為了消除邪氣，陰陽師亦會使出「禹步」製造結界，避開百鬼夜行；當道教法師設壇建醮時，為求遣神召靈而禮拜星斗時也作「禹步」。他們的典故同是夏禹治水涉山川時的足跛之說。

跟隨陰陽學、五行説東渡的，還有典出《禮記》的四神：北玄武、東青龍、南朱雀、西白虎。千年前日本遷都平安京就有根據「四神相應之地」，直到今天，四神依然鎮守着京都：蒼龍「八坂神社」、白虎「松尾大社」、朱雀「城南宮」、玄武「上賀茂神社」。即使是比較近代的德川幕府，四百年前德川家康建江戶城亦有根據四神説。

十九世紀中葉陰陽寮被廢，日本跟隨西方曆法，但古代曆法上的傳統節日依然在民間流傳。現代日本的五節句分別有：一月七日人日、三月三日上巳、五月五日端午、七月七日七夕、九月九日重陽，都是以前受到中國文化影響留下來的節日。

晴明神社
京都府京都市上京区
晴明町 806

安倍晴明神社
（安倍晴明出生地）
大阪府大阪市阿倍野区
阿倍野元町 5-16

妖氣襲來 3 遊栃木縣那須町 遇商朝紂王寵姬妲己

也許你沒有聽過日本的栃木縣，也許你也不知道那須高原，但是你或者聽說過日光東照宮，也知道有「草泥馬」暱稱的可愛動物羊駝。

日光跟羊駝，都來自栃木縣。

栃木縣位於關東地區，從東京出發至栃木縣主要觀光地，大約需一至兩小時車程即可到達，交通非常便利。除了能拜訪知名的世界遺產「日光東照宮」，栃木縣的那須郡那須町，更是與中國歷史教科書古代史上最知名的女性——妲己相當有緣分的地方。

在傳統中國歷史裏，妲己的形象是這樣的：公元前十一世紀左右中國商朝，又稱殷商。商朝第三十代君王名喚帝辛，史稱商紂。紂王高大威猛，才思敏捷，《荀子·非相篇》及《史記·殷本紀》也對他稱頌有嘉。可是英雄難過美人關，紂王竟因美人妲己亡國。

傳說美貌的妲己生性殘忍，性格喜奢華。紂王對無辜的人民施以炮烙之刑，看着燒得火紅的鐵上哀號的人悲鳴，妲己就會哈哈大笑。此外還有「酒池玉林」這代表奢華與荒淫的四字成語，典故也是源自紂王跟妲己。

惡貫滿盈的紂王最後被周武王攻滅，紂王在首都朝歌登上鹿台放火自焚；妲己則先被囚禁，後被斬首。

踏入二十一世紀，因婦好將軍墓的發掘以及河南省鶴壁市紂王墓開放成為觀光設施，不但商朝有更多秘密公諸於世，商紂及妲己三千年惡名也逐漸被洗脫。

不過在古代已經攝取中國資訊的日本，妲己的形象在時光流逝與口耳相傳間又變了一個樣，跟中國歷史上的截然不同，甚至比起紂王擁有更高的人氣。

中日妲己傳說大不同

在中國的神怪小說《封神榜》中，講到紂王看見女媧的雕像驚為天人起淫心，觸怒女媧派遣妲己亡商。

這「資訊」傳到日本去後，日本人恍然大悟：「小妮子傾國傾城，果然妲己並不是人類！」如果不是人類，這小女子肯定是九尾狐的化身沒錯！

在中國歷史裏被斬首之後就塵歸塵，土歸土的妲己，自此在日本有了截然不同的人生：殷滅亡約七百年後，印度耶竭陀國的班足太子旁邊的華陽婦人引起了千人斬首大屠殺。後來，班足太子射傷了院子裏發現的狐狸，不久便發現華陽夫人頭部受傷。太子親信起疑，在擾攘間，華陽夫人現出狐狸真面目，一躍上天飄然遠去……

妖狐從印度天空往北走，轉眼又回到了中國。這時距離武王滅紂已經過了數百年，新的王國名叫周。妖狐再次化身美女褒姒，誘惑周朝第十二代君主姬宮湦。褒姒美則美矣，偏偏就不肯笑。姬宮湦就來一個烽火戲諸侯，把各地勤王的忠心諸侯弄得團團轉，終於引得褒姒開懷大笑。

歷史不斷重演，周朝滅亡，姬宮湦死後被封為幽王。「商紂周幽」從此就成為亡國之君之詞。

其後妖狐一直停留在中原，感受着生老病死、體會着改朝換代。終於，她發現了另一個有趣的地方：日本。

那是日本跟中國不定期有遣隋、遣唐使的年代。在中原大地混得風生水起的美人，決定到蓬萊仙島——東瀛一試手腕。

七三四年，她偷偷地爬上了遣唐使吉備真備的木船安全抵達日本，並且跟隨吉備真備到了首都京都。這次妖狐化身成美女玉藻前，外表美艷還通曉天文地理、音樂舞蹈無一不識，迅速俘虜了鳥羽上皇的心。

累積了過千年的修行，果然不同凡響！只是為什麼印度去中國可以用飛的，中國去日本卻要坐船倒成為千古之謎了。

妖狐萬萬沒有想到中國春秋時代曾經風行一時的陰陽家，竟然在京都發揚光大。據說平安時代的京都本來就是個百鬼夜行的地方，夜晚人人避之則吉，恐怕出門都會碰上妖魔鬼怪。

那須町景點　妖狐幻化殺生石

在平安時代的日本，只要發覺有任何不對勁，宮中就會派出陰陽師。鳥羽上皇身邊的陰陽師安倍泰成一眼看穿玉藻前皮囊下是狐狸，對她吟唱咒文。玉藻前不敵安倍泰成的法力，露出九條狐狸尾巴，再次朝天空逃之夭夭，這次沒有跑到別的國家那麼遠，就跑到了下野之國（現在的栃木縣）的那須高原。

碰巧，那須高原有弓箭名手上總介廣常和三浦介義純看到了逃跑的九尾狐。慌張的妖狐為了避免弓箭傷害正體，立即原地石化，並釋放妖力，連連奪走了附近經過的人類、家畜鳥獸的生命。

又過了一段日子，源翁和尚路過那須高原時發現了石化的妖狐。和尚對巨石唸經，石頭瞬間碎開飛散，就只餘一小塊留在原地。

自此之後，留下在那須的石塊就取名殺生石。若果在網絡上搜尋，妲已正體九尾狐幻化的殺生石可是那須町最著名的觀光景點之一。每年五月，附近的溫泉神社都會舉行御神火祭，身穿白衣的參加者拿着火把從溫泉神社到殺生石排成長長一列，在熊熊燃燒的御神火中，隊伍拿着白面金毛九尾狐太鼓，唱歌跳舞安撫被封印在殺生石的妖狐，祈求家宅平安。

也許妖狐正體早就離開了那須。那須町現時最受歡迎的觀光景點除了那須動物王國，還有那須高原公園、那須野生動物公園。而殺生石散發妖氣的傳說，也許是古代人類對溫泉散發出硫磺味道的幻想。

相傳妖狐在那須留下的殺生石。（照片提供：PIXTA）

九尾狐成吉祥物

至於九尾狐則成為了那須的吉祥物，除了能夠在祭典時候看到當地人假扮成九尾狐，在紀念品商店還能看到不同的卡通人物裝扮成九尾狐的模樣。中國的妲己以九尾狐的身份，化身成為鳥羽上皇寵姬玉藻前，又透過民間傳說陰陽師，永遠被封印在日本栃木縣那須町。

殺生石
栃木縣那須郡那須町
大字湯本 182

避秦求生 4 徐福避秦飄流日本終章
和歌山縣新宮市篇

公元前二二一年，秦始皇嬴政統一六國，自認為功高三皇，德蓋五帝，自命「始皇」，成為中國歷史上第一位「皇帝」。為使政令能通行全國，秦始皇即位不久便統一全國的度量衡，公佈書同文、車同軌。

為了霸業流傳下去，秦始皇開始害怕老去，更加害怕死亡。只有永遠身壯力健，才能確保這辛苦打下的江山永垂不朽。在橫徵暴斂、大興土木背後是苦不堪言的黎民百姓。「這樣的暴君如果能夠千秋萬代還得了，聲稱去求長生不老藥還可以逃命吧——」

這暗地裏在心中為避秦盤算的徐福，原本是齊國人。司馬遷在《史記·淮南衡山列傳》把這件事件生動地記錄下來了：秦始皇年代有煉仙丹者，姓徐名福，順應秦始皇命令率童男童女三千人前往蓬萊仙境尋找長生不老藥。秦始皇還「遣振男女三千人，資之五穀種種百工而行」，據說總共有二十艘船同時起行，聲勢浩大。

位於和歌山縣新宮市新宮站旁邊的徐福公園，以中國傳統建築建成，鮮豔奪目的顏色甚為顯眼。使用的建築材料如階磚和瓦當由華人設計及輸入，因此建築風格忠實還原了中式傳統建築的模樣。

東瀛廣為流傳的徐福傳說

蓬萊、方丈、瀛洲三座仙島就是東瀛。東瀛就是日本。有關他的傳說在日本各地有不同的流傳，甚至有日本學者考究過徐福跟神武天皇的東征路線後，還得出驚人結論：日本的初代天皇——神話中的神武天皇跟徐福是同一人！

徐福曾經兩次出發，故事還真的有板有眼，可以畫一幅航海地圖：第一次出發地是河北省，第二次的出發地是浙江省。第二次出發曾經經過朝鮮半島，最後才到達日本。

日本各地都有徐福上陸傳說，但是以和歌山縣新宮市最為知名。一九九四年的八月，新宮市興建了紀念奉秦始皇之命尋找長生不老靈藥的徐福紀念公園。

當日帶領我參觀的是土生土長、白髮蒼蒼的外裏先生。他曾經在徐福公園對面的蓬萊學校（現已清拆）唸書，後來還成為該校老師。在他口中，我聽到很多書本、網絡上都聽不到的故事。

公園內設立了徐福紀念墓碑，重新整修了周邊景觀，並建造了中國式的牌坊。根據外裏先生記憶，牌坊上的橙紅色瓦片是台灣捐贈，瓷磚花窗則是內地送贈的。當然單靠兩地之力還不夠，新宮市政府和市民也是合力一心，又捐錢又出力，才促成這紀念古代東渡秦人的公園。公園內除了徐福墓碑之外，還有徐福功德紀念碑及祭拜七位徐福親信重臣的七塚之碑等。

公園內有中式式樣的「秦徐福碑」。古時日本人有學識之儒生皆通曉漢文，碑文內容為記錄徐福出海求仙丹並抵達日本新宮的傳說。

有關功德彰顯碑也有一個故事：一八三四年紀州藩儒臣仁井田好古本來打算立碑，石碑卻因海難而失去了。現在公園內的是一九四〇年豎立的。

中日戰爭期間，坊間有聲音要破壞徐福的墓碑及紀念碑。可是當地人太愛徐福，群起保護文物，所以今日還能看到徐福江戶時代及戰前的東西，絕對是新宮市民的功勞。

徐福公園內的「長生不老靈藥」

公園內種植了「天台烏藥」，這被譽為長生不老靈藥。傳說徐福率領三千童男童女及百工巧匠東渡大海而來，看到饅頭形狀小山丘便在此泊船，最後在這片土地上種植了天台烏藥。外裏先生笑說這「天台烏藥」根本是在江戶時代才開始種植，不過大家喜歡傳說，也就將錯就錯。

新宮市居民歷代尊敬徐福，認為他開墾了這片土地並教育他們的日本祖先耕種，還帶來了日本本來不存在的植物。天台烏藥正是其中之一。

根據他的童年回憶，以前的老人家都說徐福深深被當地的友善人情、溫暖氣候、明媚風光所吸引，便決定跟弟子七人及餘下的童男童女在此處永久居住下來，傳授當地居民農耕、捕魚、捕鯨等技法。當時還是荒涼不毛的海邊小村，因為這些人的幫助，逐漸變得繁榮富裕。在他小時候，叫「徐福」還會被罵，要禮貌地稱呼「徐福先生」。

看見我興致勃勃，外裏先生帶我離開公園走到徐福上岸的海邊，正色道：「那邊白色房子附近其實是徐福弟子的埋葬地！雖然沒有人立碑，但我們可是口耳相傳、一代一代流傳下去的！」我頓時對新宮市民更加肅然起敬了。

外裏先生一不做二不休，再帶我去到阿須賀神社。這裏能清楚看到饅頭形狀的土丘，徐福就是看到這小山丘，決定把船隻停泊。外裏先生三步併作兩步，帶我走到神社隱蔽之地，那裏有個不起眼的石頭。

「這才是真正的徐福先生的墓地。」

我當頭棒喝：原來藩主立的紀念碑在亮麗的紀念公園，但新宮市民又怎忍心他們敬愛的徐福先生受旅客滋擾？徐福原來永遠長眠在安靜之所啊。

徐福公園內的小賣部同時設有資料展示廳，當中有大量相關歷史文物如卷軸、拓文、木像展示（上）。小賣店中讓人愛不釋手的是徐福長壽御守（下），上面有古樸的中國古代衣裝打扮徐福肖像。

在明亮舒適的徐福公園旁邊的阿須賀神社（上）設「徐福之宮」（下），鎮守為徐福之靈。這裏是當地人祈求徐福保佑的拜祭場所，莊嚴神聖。

阿須賀神社內石碑刻有日本詩人以徐福避秦求藥為題所作的七言絕詩。

遙想渡海赴日的無名氏

徐福的傳説也許只是傳説。但是在交通不發達、氣候影響航海安全的年代，我們相信必然有人為了生計，冒着危險橫渡朝鮮海峽駛向日本。

歷史地理學家推測，朝鮮海峽是日本海和黃海的連接要衝，從現在韓國的蔚山出發航行五十公里橫渡朝鮮海峽至對馬島，再航行四十六公里橫渡對馬海峽至壹岐島，便會到達日本九州的福岡縣一帶。

現代科學認為日本海的左旋海流促進了中日之間最原始的交流。不過，這種交通往來似乎只有從亞洲大陸漂流到日本，因為中韓還沒有發現

海邊的小小石燈塔沒有任何說明與告示板，旁邊是民居。這個燈塔位置正是徐福上陸之地，在居民間代代相傳，鮮為人知。

過日本繩紋時代文物，但中國的古代文物在日本有不少發現。

這些新移民在日本繁衍子孫，帶來新的農耕技術。所謂「徐福」，也許只不過是這些無名氏的統稱吧！不過故且勿論徐福是否真有其人，船隻是否飄流到日本，我相信和歌山縣新宮市民世世代代對徐福先生的崇敬及感戴都是貨真價實的。

徐福公園
和歌山縣新宮市徐福 1-4-24

徐福上陸之碑
和歌山縣新宮市阿須賀 1-2

阿須賀神社
和歌山縣新宮市阿須賀 1-2-25

比翼連理 5 山口縣貴妃墓 楊貴妃逃亡日本的傳說

日本一直有派遣往唐朝的官方使節——遣唐使，他們是把唐朝文化傳播到日本的載體。連銀座的高級糖水店也以「糖朝」為店名，可見其影響力之高。

除了政治體制外，唐代的文學亦悄悄地在日本扎根。當中，白居易的作品就大受日本當時的貴族歡迎。白居易字樂天，日本人一般稱他為白樂天。根據《日本國見在書目錄》指出，唐朝傳入日本的有《白氏文集》七十卷、《白氏長慶集》二十九卷。平安時代詩集《和漢朗詩集》收詩五百八十九首，白居易佔一百三十六首。直到江戶時代，仍被喚作詩仙，供奉在京都一乘寺的詩仙堂中。

在芸芸白詩中，又以〈長恨歌〉最為知名。即使在二十一世紀，一般日本民眾不了解中國歷史文化，也不可能不認識楊貴妃。而楊貴妃在出生地不過被稱為「中國四大美女」，在日本卻升為「世界級」，直接跟埃及皇后克利歐佩特拉、日本平安時代女詩人小野小町並列「世界三大美人」。可謂從平安時代起，這位傳奇女子楊玉環的人氣未曾減退過。

日本各地都有關於楊貴妃的歷史。其中，山口縣就有相傳安史之亂下逃亡的楊貴妃傳說。山口縣是什麼地方呢？日本明治維新下第一任國家總理大臣就是山口縣人，日本歷代最多總理大臣出生的也是山口縣。山口縣別名大可稱為「總理大臣搖籃」矣。

這個山口縣，跟楊貴妃有莫大的緣分。

傳說中的「掉包案」

相傳在七五六年，楊貴妃於密令下逃亡，揚帆出海到山口縣西北的小漁村油谷町久津。當時的日本皇室仿擬唐朝，對唐朝貴妃的到來禮遇有加。至於在戰亂中被縊死的，乃是一個侍女。換言之，這是一場「掉包案」。

雖然逃離了戰亂，楊貴妃登陸不久便去世了。當地人把貴妃安葬在一個往西看得到大海，能夠遙望故國的高坡上，也就是今日的楊貴妃墓地。後來楊貴妃託夢告訴唐玄宗，雖然自己安全到埗日本，但已經病亡，只有來世再續前緣了。

白居易在〈長恨歌〉是這麼說的：「馬嵬坡下泥土中，不見玉顏空死處。」這不是跟山口縣海邊的日本人說的一樣嗎？

白居易又說：「上窮碧落下黃泉，兩處茫茫皆不見。忽聞海上有仙山，山在虛無縹渺間。樓閣玲瓏五雲起，其中綽約多仙子。中有一人字太真，雪膚花貌參差是。」

連香港作家李碧華在自己的小説《荔枝債》中也寫，海上仙山即是蓬萊，蓬萊就是東瀛。東瀛，即是日本！

因此，山口縣的楊貴妃墓，可是千百年來妥妥善善地受到山口縣村民的供奉。善良的民眾一方面同情落難的妃子，二來正值盛年的貴妃花容月貌，豈不我見猶憐！

其實，山口縣貴妃墓的傳説還有下集。

二尊院佛像來由：貴妃報夢

悲痛萬分的唐玄宗得到楊貴妃報夢後，派遣了白馬將軍陳安前來祭奠。但是，楊貴妃沒有説自己在日本什麼地方，陳安千方百計沒有找到墓地，只好把帶來的釋迦如來和阿彌陀如來兩尊佛像，以及十三層的大寶塔寄存在京都的某寺院就回國去了。

山口縣油谷町埋葬了楊貴妃的小寺聽説此事後，向該寺院要求保存這兩尊佛像。可是那京都的寺院卻不願意把唐土的珍寶交出，最後由山口縣長門地區的工匠模仿兩尊佛像再雕了一套，安放於小漁村的小寺。這小寺也因供奉這兩尊佛像而得名「二尊院」，名字一直沿用至今。

這個二尊院跟楊貴妃墓地其實並沒有很偏僻，在很多遊客都慕名而去的海邊景點「元乃隅神社」開車再走二十分鐘，就會來到這海邊清幽的小佛寺。貴妃墓在日本已經是政府保護文物，它既是歷史名勝，也是旅遊景點。

二尊院是平安時代八〇七年由最澄大師開山創立的寺廟，與京都仁和寺、曾經統治山口縣的長州藩毛利家都有深遠關係。雖然是紀念楊貴妃的寺廟，但這些年來二尊院亦有經歷過各種史上大大小小的事情，使它變成除了中國歷史外，也有本地故事流傳的寺院。

貴妃銅像高度的意義

聳立在山口縣西北面海邊的楊貴妃銅像高度三點八米，這個高度的設定原因是為了紀念佳人三十八歲之年離世。二尊院的住持田立智曉，小時候便親眼目睹了這尊一九九一年於西安製造的銅像從中國運過來，再由專業職人花兩星期的後製過程。對生於斯、長於斯的他來說，楊貴妃就是一位跟油谷町息息相關的歷史人物。

為了讓參觀的人更能感受楊貴妃在唐朝的生活，二尊院除了銅像外，還有中國風格的涼亭，讓遊人遠望大海，體會貴妃思鄉之情。

二尊院外是寫上楊貴妃名字的旗幟，院內掛着的卻是德川幕府年代統領這一帶的大名——毛利家家紋的燈籠。作為既有中國歷史知識，又有日本歷史認知的過客，唐代美女跟統領山口縣的大名出現在同一個空間，我感覺奇妙極了。

（上）（右）聳立在山口縣西北面、佛寺二尊院的楊貴妃銅像高度三點八米，這個高度的設定原因是為了紀念佳人三十八歲之年離世。銅像於一九九一年在西安製造，再由專程從中國過來的工匠花了兩星期後期製作。

楊貴妃日本歸宿「油谷町」周邊地圖，「楊貴妃の里」的意思是「楊貴妃的故鄉」。油谷町還有很多延伸商品號稱「楊貴妃特產」。當地種植的大米叫「楊貴妃之夢」，象徵這種大米來自楊貴妃的第二個家鄉。

化身神祇　保佑美貌

楊貴妃在山口縣不但有墓地，她還成為了人人膜拜的神祇。

來自國內、國外的善信們專程來到二尊院向楊貴妃祈求美貌，她們相信楊貴妃娘娘會保佑他們獲得漂亮的外表；楊貴妃同時還被賦予了「守護女性」，幫助不孕女性「成功生育」的求子功能、幫助年輕人找對象結良緣等等「任務」。

油谷町還有很多延伸商品號稱「楊貴妃特產」。當地種植的大米叫「楊貴妃之夢」，象徵這種大米來自楊貴妃的第二個家鄉。後來這個名字太紅了，連遠在關西的神戶都有紅茶專門店，把矢車菊跟玫瑰製造的紅茶，也改名「楊貴妃之夢」。只要是美麗的東西，一旦冠上貴妃之名，便升價十倍。

在欣賞二尊院神聖的佛像之餘，別忘了命名為華清池的小小蓮塘。今日的日本人或許不知周敦頤的〈愛蓮說〉，但以前的日本崇尚漢學，蓮池也許是某年某月某位日本人種下的也說不定！

根據熱情善良的住持指引，我沿着小路再走幾分鐘，便看見楊貴妃的芳塚。墓地旁邊有個透明小箱子，放有貴妃娘娘模樣的日本神社常見繪馬和御守，有個小錢箱，要買的，要祈禱的，就自己放錢入箱。日本人講的是信用，但在貴妃的墓前大模廝樣偷繪馬御守，估計也沒有人會這樣大膽吧！

在高速公路旁邊突然在眼前閃過的路牌，為參觀者引路，走向楊貴妃日本傳說的所在地。

白居易的〈長恨歌〉名垂千古，名句「春寒賜浴華清池　溫泉水滑洗凝脂」在中國無人不曉，亦廣受平安時代日本貴族喜愛。西安有華清池的遺址，二尊院就有以華清池命名的小蓮花池。蓮花在周敦頤筆下「出淤泥而不染」，在日本亦有美好的寄寓。

隨着楊貴妃信仰在日本落地生根，結合本地的宗教信仰，日本的楊貴妃拜祭出現中國不會看見的奇景：繪馬及御守。

善信向楊貴妃祈求美貌，祈求保佑獲得漂亮的外表，楊貴妃同時還被賦予了「守護女性」，幫助不孕女性「成功生育」的求子功能、幫助年輕人找對象結良緣等「任務」。

二尊院と楊貴妃伝説

正式名称を龍伏山天請寺二尊院と号し、創建は寺伝によると、大同2年（807）平安時代の高僧、伝教大師・最澄の開基とされ、15の末寺と8つの僧坊を従え、別名向津具城と呼ばれる大寺院でした。

天台宗として興隆するも栄枯盛衰を繰り返し、江戸時代初頭には毛利家の庇護を受け堂宇の寄進を賜り、真言宗に宗旨を改め隆盛するも幾多の兵火戦乱、天災に遭い次第にその規模を狭め、末寺の全てが姿を消し現在の寺観となりました。

また世界3大美人のひとり楊貴妃が安禄山の乱により、唐から命からがら逃げ延び、この地に小舟で漂着したと伝えられ、飛び地境内には「楊貴妃の墓」と伝えられる五輪塔と、追善供養の霊仏「二尊仏（重文）」をお祀りしています。

往昔より安産・子宝・縁結びの信仰を集めています。

穿過二尊院小路不到三分鐘，便會看見以日語寫的楊貴妃漂流傳説歷史介紹（上）（中）。跟中國傳統的墳墓配置不一樣，楊貴妃來到日本亦入鄉隨俗，使用日本佛教寺廟經常使用的傳統墓石。墓前置有法輪（下），相傳轉法輪可積功德。

用日本神社常見的繪馬向唐代的貴妃許願，這正是日本本地化了的貴妃娘娘。不知道寫中文上繪馬，娘娘看到會不會更加思念家鄉呢？

在墓碑旁邊是楊貴妃的生平簡介，基本上跟白居易〈長恨歌〉講述的如出一轍。不禁讓人慨嘆：白樂天創作的淒美愛情神話，讓唐玄宗跟楊貴妃的故事在日本影響至今，他到底在日本是紅了幾多年？

貴妃娘娘在山口縣可是不愁寂寞的。除了連綿不斷的各地善信外，在每年十月第三個週六，油谷町都會舉辦鎮魂祭「楊貴妃炎の祭典（楊貴妃炎祭）」，以紀念楊貴妃飄流至此地，安撫她可悲又無奈的亡魂。

日本各地還有其他楊貴妃飄流傳說，例如以迫害天主教徒使其逃亡到澳門聞名的熊本縣天草地方，亦有在每年十一月舉辦「しんわ楊貴妃祭り（神話楊貴妃祭）」。不過若論規模，便不及與西安市一同建銅像追悼的山口縣了。

這些活動雖然只是鄉下小地方的活動，但使楊貴妃永遠鮮活如新，又能借機使大家與眾同樂，實為美事。

楊貴妃之里
山口縣長門市
油谷向津具下久津
3539

西域取經 6

《西遊記》在日本 由唐僧到奈良的三藏法師

一九九二年，日本漫畫家諏訪綠以現實歷史中存在的玄裝法師為主角，創作了《玄奘西域記》漫畫。漫畫迅速在日本走紅，並翻譯成繁體中文版。事實上，諏訪綠還有其他中國歷史人物的漫畫作品，例如《諸葛孔明時之地平線》。

《玄奘西域記》漫畫參考唐代貞觀年間成書的《大唐西域記》，簡稱《西域記》。全書共十二卷，成書於唐貞觀二十年（六四六年），為玄奘遊歷印度、西域旅途之遊歷見聞錄。

玄奘本人的故事固然自唐代已傳到日本，以玄奘前往印度的史實為背景的明代小説《西遊記》在日本更是街知巷聞。它描寫唐代僧人玄奘和隨行的徒弟孫悟空、豬八戒、沙悟淨在漫長旅途中與各方妖怪鬥智鬥力，是中國四大奇書之一。

只不過這個在中國家喻戶曉的故事來到日本後，又發展成各種不同的模樣⋯⋯

四師徒的中日常用稱呼

首先，是登場人物的通稱。玄奘三藏、孫悟空、豬八戒、沙悟淨的「本名」，無論是中國還是日本都沒有變化，但在日本，玄奘普遍被稱為「三藏法師」，在中國經常被稱為「唐僧」——要是把「唐僧」兩字給日本讀者看，他們又是否會認出那是熟悉的三藏法師呢？齊天大聖孫悟空在日本被稱為「孫行者」，豬八戒的稱呼方式中日都一樣，而在中國經常被稱為「沙和尚」或「沙僧」的那位，在日本的名稱叫「沙悟淨」。

這位「沙悟淨」的真身到底是什麼，中國和日本可是南轅北轍的。在中國人心目中，孫悟空以及豬八戒的形象深入民心，不可動搖，例如孫悟空是「從石頭中誕生的石猿猴」，所以是「猿精」；豬八戒就是被驅逐到人類世界的天界水軍元帥，但因為誤入豬的子宮裏而出生成為「豬精」。

需要注意，由於中國的豬普遍是家畜，但日本古代家畜中沒有豬，所以豬八戒在日本人心目中是山上的野豬。

「流沙妖」演化「河童」

在中國原版的《西遊記》中，沙僧也是犯過罪的天界的大將。由於住在流沙中，肯定跟流沙有點關係吧？不過比起猴子以及家畜豬，似乎還是很撲朔迷離。

沙僧被貶下凡之前，原是天庭武將，職位為捲簾大將，因失手打碎琉璃盞被貶下凡，盤踞在流沙河成為妖怪，以人為食，項下掛着九個骷髏頭串成的項鍊。之後受觀世音菩薩指點而成為了唐僧徒弟，與孫悟空、豬八戒等一起赴西天取經。任勞任怨的沙僧歷經九九八十一難後功德圓滿，獲封為金身羅漢。

《西遊記》在中國被拍成電視劇好幾次，沙僧一般是留着鬍子的僧人；但是在日本動畫中登場的「沙悟淨」，卻是住在河邊的洞穴裏水陸兩棲的妖怪——河童。他們擁有綠色的皮膚，頭部中央凹陷呈碟狀，身體像猴子，還揹着甲殼。在日本的傳説裏，河童喜歡惡作劇，把家畜和人拖進水中。日本知名作家芥川龍之介就曾經以日本長野縣松本市的自然景區上高地河童橋為背景，寫下《河童》中篇小説，諷刺人類社會的無稽。

沙僧一角如何從流沙中的妖怪變成河川居住的妖怪，在幾百年間到底經歷了怎樣的轉變不得而知，但很有可能是《西遊記》傳入日本後結合了民間信仰本地化後的成果。後來有日本學者做研究，企圖找出「流沙妖」變成「河童」的關鍵。

在日本發生「沙悟淨＝河童」的原因是沙悟淨住在「流沙河」。在《西遊記》中，出現的流沙河是指從現在的甘肅省到新疆維吾爾自治區的沙漠地帶，但傳説離開中國後進入日本，「流沙河」就被誤會成「流水之河」，日本人就把沙僧理解成「住在河中的妖怪」，也就是民間傳説中「住在河裏的妖怪」——河童了。

法相宗經遣唐僧傳入日本

撇開了神怪故事，玄奘三藏法師在日本依然有極高的人氣。玄奘三藏（六〇二－六六四）出生於隋代、活躍於初唐，俗姓陳，名禕。為了尋求當時尚未傳入唐土的經典，二十七歲時偷偷離開中國，踏上了前往天竺（今印度）的求法之旅。玄奘在印度當時佛教的最高學府那爛陀寺學習。梵語「那爛陀」三字意謂「施無厭」或「無厭施」，這兒每天都有一百多個講壇，學習課程包括大乘佛典、天文學、數學、醫藥等。

玄奘並不是第一位來到那爛陀子的中國僧人，早在他出發前三百多年，法顯就曾經前往印度那爛陀。那爛陀當時不過是一個聚落，有舍利弗舍利塔而無寺院。經過幾百年間歷代君王的營建，那爛陀寺才成為玄奘看見的宏偉壯觀佛教中心。

玄奘求法之旅的目的是探究「唯識」的教誨，在印度修學後，玄奘帶着經論、舍利、佛像，結束了長達十七年的悠長旅程回國。下一個等待玄奘的挑戰，就是中國的傳法與譯經大業。

於貞觀十九年（六四五年），回到唐土的玄奘被唐太宗指定住在長安弘福寺譯經。三年後在唐高宗之請，於長安城內另建大慈恩寺，並在西院築五層塔儲存來自印度的佛經佛像。這大慈恩寺就是現在大雁塔的前身。回到中國後，玄奘從帶回來的經典和論疏六百五十七部中，翻譯了七十五部一千三百三十五卷，最廣為人知的《般若心經》也是玄奘翻譯的。參與譯經的優秀成員來自全國及東亞，這些佛經還傳往朝鮮、越南和日本，玄奘之前的翻譯稱「舊譯」，玄奘之後的翻譯則稱「新譯」。玄奘依翻譯佛典與對經文的闡釋而開創了中國法相唯識宗，學說深深地影響了其他宗派。

奈良的玄奘三藏院伽藍

玄奘的法相宗傳入日本可以追溯到飛鳥時代的六五三年，由入唐的遣唐僧道昭（六二九－七〇〇）傳入日本。道昭師從玄奘，帶回了《成唯識論》為首的唯識論書和《藥師琉璃光如來本願功德經》、《般若心經》等經文，甚至佛像和舍利回到日本。道昭之後是智通、智達；奈良時代是智鳳、智鸞、智雄、玄昉等人，他們皆遵從玄奘的法相宗的教誨。

法相宗的大本山奈良縣奈良市藥師寺是六八〇年建造，現時是世界遺產。地點就在鑑真的唐招提寺側。

上文講述《西遊記》在日本結合民間傳説成為當地婦孺皆知的故事，紀念玄奘的法相宗大本山藥師寺玄奘三藏伽藍亦位於日本古都奈良，而且正正就在鑑真開創的唐招提寺旁邊。

法相宗的大本山藥師寺是六八〇年天武天皇為了祈禱皇后（後來的持統天皇）的疾病痊癒，而在藤原京建造，跟玄奘時代相應；「伽藍」是梵文，意思就是習佛修佛之地，在中國語言中亦有佛寺寺院的意思。

南都的諸大寺是八宗（南都六宗和天台宗、真言宗）兼學道場，在藥師寺除了法相宗之外，還能學習華嚴宗和真言宗。華嚴宗有明哲、長朗、義聖等，真言宗有戒明、壱演、義叡等。除此之外，還誕生了三論宗、律宗的學僧，歷代人才輩出。

不過，天武天皇期間的藥師寺最初並未有玄奘三藏伽藍，這是直至二十世紀末期一九九一年才興建的。伽藍中央的玄奘塔供奉着玄奘三藏的頂骨（頭部遺骨），這個頂骨於昭和十七年（一九四二年）才在中國南京被發現，奈良藥師寺得到了分骨，於是建立了玄奘三藏伽藍安置，發揚先師遺德。

在藥師寺的玄奘三藏伽藍裏，展示着畫家平山郁夫用三十年心血繪製而成的《大唐西域壁畫》。這是畫家透過對玄奘的傾慕與幻想創作的巨型作品，只在特定時間公開。

奈良藥師寺跟現時中國的興教寺亦有關聯。

正月九日，玄奘摔倒之後，病情急轉直下，於同年三月八日圓寂，享壽六十二歲。

藥師寺亦為唐代建築物，每年東西兩塔皆設公開特別場次（下），筆者乃二〇二四年新年到訪。

藥師寺內玄奘三藏院裏，展示着畫家平山郁夫用三十年心血繪製而成的《大唐西域壁畫》。這是畫家透過對玄奘的傾慕與幻想創作的巨型作品，只在特定時間公開。

唐高宗在總章二年（六六九年）為遷葬大唐高僧三藏法師靈骨建立新寺，因唐肅宗題寫了「興教」二字，取名興教寺，自此玄奘一直長眠此地。清朝同治年間，寺殿全部毀於兵火，僅存興教寺塔（又稱玄奘墓塔）以及玄奘的弟子窺基和圓測的墓塔，合稱「慈恩三塔」。

近年興教寺一直陸續維修，其中「臥佛殿」就是一九九一年奈良藥師寺捐款一百二十萬元再加上中國國內僧俗十萬元捐款建成。奈良藥師寺對紀念玄奘有心有力，不但讓唐代威名流傳日本，還推動了日本民間對真實歷史中玄奘的認識。

藥師寺內石碑以中文紀念玄奘返歸藥師寺，更表明西安市與奈良市為友好城市，大慈恩寺與藥師寺亦關係友好。

藥師寺
奈良縣奈良市西京町457

第二章

奈良古風

小野妹子失國書 隋使裴世清訪奈良飛鳥宣諭

在第一章四節中談到徐福奉秦始皇之名遠赴蓬萊仙島尋找不老神藥，最終一去不回，定居和歌山縣新宮。那麼上古時期首位肩負外交使命，從中國跑到東瀛建立外交關係的，到底是誰呢？這個人很有機會是《隋書》中隋煬帝派往日本宣諭的文林郎裴世清。《日本書紀》稱他的官職為鴻臚卿，但可以肯定的是兩者都不是大官。

隋朝只有短短三十八年，卻經歷了五次來自日本推古天皇策劃的遣隋使入朝：六〇〇年、六〇七年、六〇八年、六一四年、六一八年。隋朝時日本正值飛鳥時代，主導日本發展的是聖德太子和女帝推古天皇，遣隋使與嚮往中國文化的一批人物，正是後來促成日本大化革新的主力。

根據《隋書．東夷傳》和《日本書紀》記載，小野妹子訪隋翌年，裴世清跟隨其步伐，帶着日本詔書遠征當時日本權力政治中心奈良飛鳥。飛鳥殿、飛鳥寺、飛鳥石舞台至今還流傳着推古天皇和聖德太子的故事。

據《隋書·東夷傳》和《日本書紀》記載，小野妹子訪隋翌年，裴世清跟隨其步伐，帶着日本詔書遠征當時日本權力政治中心奈良飛鳥。飛鳥殿、飛鳥寺、飛鳥石舞台至今還流傳着推古天皇和聖德太子的故事。

無禮國書惹怒隋煬帝

現代人聽到小野妹子可能會誤以為他是女性，其實他是一位飛鳥時代的男性官員，在中國履行公務時名叫「蘇因高」。六〇七年（隋大業三年，日本推古天皇十五年）小野妹子向隋煬帝遞交國書，其中有著名語句「日出處天子致書日沒處天子無恙」。由於國書中，日本自稱天子，令隋煬帝勃然大怒：「蠻夷書有無禮者，勿復以聞。」國書不被接納。幸而隋煬帝大概心想小國不懂禮教未有處罰，對日本使節仍然以禮相待。這個「無禮國書」事件後來被記錄在《隋書》。

隋煬帝其後派遣裴世清陪同小野妹子回國。在裴世清的遊記中，對應了日本現在仍使用的地名如對馬、隱岐、筑紫、豐後：

> 經都斯麻國，迥在大海中。又東至一支國，又至竹斯國，又東至秦王國，其人同於華夏，以為夷州，疑不能明也。又經十餘國，達於海岸。自竹斯國以東，皆附庸於倭
>
> 《隋書・倭國》節錄

至於那份「無禮國書」的下場，《日本書紀》說小野妹子國書在百濟被奪走了。學者認為小野妹子在隋煬帝面前已經碰了一鼻子灰，恐怕是不想回國再惹麻煩，直接把文件丟失。丟失國書事關重大，但在聖德太子求情下，小野妹子總算拾回小命。

隋使裴世清的日本行程

有關裴世清抵日後到達目的地飛鳥前的行程，《日本書紀》都有詳細的記載。六〇八年四月，裴世清帶着十二名隨從最先抵達筑紫（今博多太宰府）；六月十五日經過難波（今大阪），稍息於高麗館。迎接他的不但有三十首新船，還有新興建的外交人員旅館。八月三日，裴世清前往倭國都城（今奈良）時，又有由高級官員率領五彩裝飾馬匹歡迎隊伍迎接。聖德太子以下文武百官列隊相迎，舉行了隆重的歡迎儀式。八月十二日，裴世清在朝廷上朗讀了按照天子賜諸侯的公文格式書寫的「皇帝問倭王」詔書：

皇帝問倭皇。使人長吏大禮蘇因高等至具懷。朕欽承寶命臨養區宇。思弘德化覃被含靈。愛育之情無隔遐邇。知皇介居海表撫寧民庶。境內安樂。風俗融合。深氣至誠。遠脩朝貢。丹款之美。朕有嘉焉。

《日本書紀》節錄

九月五日，裴世清在小野妹子引領下再次前往難波，十一日正式踏上歸途。

小野妹子人生共去過兩次中國，第一次在六〇七年造成國書失禮事件，其後於六〇八年四月帶裴世清到日本，第二次則是同年九月把裴世清送回中國，這次國書又有新的格式：

東天皇敬白西皇帝：使人鴻臚寺掌客裴世清等至，久憶方解。季秋冷薄，尊何如？想清悆。此即如常。今遣大禮蘇因高、大禮乎那利等往。謹白，不具。

有云日本「天皇」的稱呼自始而來，「東面」的天皇「敬白」西面的皇帝，這下子不談「日出」、「日落」，直接用方位解決問題。相傳這國書就是出自熟悉中國文化的聖德太子之手，終於這次國書成功記載在《日本書紀》推古天皇篇章之中。

佛教中心飛鳥　飛鳥寺前稱寓意「佛法興盛」

今時今日的京都車水馬龍，奈良的春日大社、法隆寺也不遑多讓。法隆寺雖是世界上最古老的木造建築，但飛鳥寺比法隆寺歷史更悠久，它正是推古天皇、聖德太子在任期間的五九六年間，由豪族蘇我馬子從百濟迎來佛舍利所興建，裴世清一行隋使節到訪飛鳥時，當地已經是佛教的中心。

飛鳥寺最早稱為「法興寺」，有「佛法興盛」之意；隨着政治中心遷到平城京，法興寺也跟着遷移至奈良市，稱為「正興寺」。鎌倉時代因雷中寺廟建築物幾乎燒光，大佛也曾暴露在室外任由風吹雨淋，直至後來有人為了大佛造了現在的佛堂，稱為「安居院」。

飛鳥寺承襲了以中國的三合院模式為起源的高句麗建築，採用環繞五重塔的「一塔三金堂」的模式。飛鳥寺興建時規模龐大，東西長二百公尺、南北長三百公尺，比現在被列為世界遺產的法隆寺規模大三倍。

十五噸銅鑄飛鳥大佛

飛鳥寺內的本尊銅造釋迦如來坐像稱「飛鳥大佛」，是國家重要文化遺產。這個佛像跟遣隋使小野妹子和裴世清很有緣分：戊辰年（六〇八年）隋使者裴世清等人來日本供奉黃金，在翌年的己巳年（六〇九年）完成這座用了十五噸銅鑄的大佛。大佛面向聖德太子誕生地「橘寺」方位，意味着永遠庇祐在日本推廣佛法的聖德太子。儘管佛像絕大部分在一一九六年因落雷被大火燒毀，但其最初的面孔、手和左耳的一部分仍保存完好。飛鳥大佛是日本最古老的佛像，具有重要歷史及宗教意義。

雖然現在的飛鳥寺並非六〇九年所建，但從塔和金堂的基石可知經歷一千四百年保存到今日。裴世清回國之際，小野妹子再次作為送使大使陪同，此時高向玄理、南淵請安等留學僧人亦同行。小野妹子翌年回國，但留學生跟留學僧人卻長期留在隋國，還見證了隋亡及唐的興起。

雖然表面上飛鳥寺跟中國沒大關係，但裏面卻有五言絕詩「春風以接人　秋霜以持己　殷勤以接人　恭謙以持己」。這是江戶時代佐藤一齋《言志四錄》中的名句，江戶時代漢學繁昌，儒生都會作詩。

飛鳥寺
奈良縣高市郡
明日香村飛鳥 682

公卿藤原清河客死中國 混血女兒喜娘東渡歸根

稱遣唐使為古代中日關係的橋樑絕不為過。在接近二十次的遣唐使計劃中，回國的就包括日本留學生們的妻子以及孩子。雖然有部分在航海過程中不幸喪生，但歷史上卻留下了一位堅強的少女為了尋找父親的家鄉，完成中國日本渡海之旅。

當日本開始任命遣唐使，便要開始製造船隻。航海用的大船叫「舶」，在造舶工匠及朝廷監督下進行製作。最早期負責做船的是周防（今山口縣），後來是近江（今滋賀縣）、丹波（今京都府）、播磨（今兵庫縣）、備中（今岡山縣）諸國，但最多的還是安藝（今廣島縣）。日本航海學者茂在寅男曾計算，從唐高宗到唐肅宗時代，安藝就造了十八艘船舶以上。

最早的遣唐使船樣式

歷史上流傳下來最早的遣唐使船樣式，最早見於一〇六九年的《聖德太子繪卷》，

位於大阪府大阪市中心的住吉大社，是全國約二千三百多家住吉神社的總本社，保佑船隻安全。平安時代的遣唐使就在這裏展開艱辛漫長的旅程，入口醒目的石碑「遣唐使進發之地」配以遣唐使船隻圖畫。

平安時代善信在住吉大社祈求航海安全，再整裝待發的屏風。在《源氏物語》中，住吉大社也曾經在明石之上祈禱出海安全時出現。每年的新年參拜期間，住吉大社都會吸引二百多萬人來參拜。

時代久遠，都是人們想像的。唐高宗期間，日本天智天皇曾經命安藝造百濟船，茂在寅男及其他航海學者在一九八一年神戶港人工島博覽會就利用已知的資料複製了想像中的遣唐使船，還塗上了美麗的色彩：船身為白色、桅杆、甲板上小屋為紅色，還有綠色和黑色等等。不過復原的只是水上部分，船底有沒有龍骨，還是未解之謎。有關指示方向的儀器，日本早在六五八年齊明天皇四年已有指南車，但是否用於航海則不詳。

當時日本的遣唐使還未了解季候風等自然規律，大部分都是夏天六月、七月出發，由於逆風而進，六七月出行的老出意外；回程時凡在冬季日子、十一月渡海的也難保平安。

中日混血兒、十三歲少女藤原喜娘就是在這種險峻環境下從中國前往日本，最後再從日本回到中國。

擅長外交的藤原清河

少女喜娘的父親是光明皇后（聖武天皇皇后）之侄藤原清河。藤原家是日本古代貴族，具備外交才能又熟悉航海技術的藤原清河在七五〇年被孝謙天皇挑選為第十一次遣唐使大使，副使是曾留唐十七年的吉備真備和大伴古麻呂。

日本最古老的詩集《萬葉集》有兩首藤原清河的作品，記錄了他期望歸來之日，看見春日大社的梅花與掛念妹妹的情感：

祭神春日野，神社有梅花。
待我歸來日，花榮正物華。

長年從此別，吾戀必加深。
自此思吾妹，別時已近臨。

當年的藤原清河是萬萬想不到自己一生再也看不見妹妹，也無法走入春日大社。

藤原清河在七五二年四月二十七日從難波（今大阪）出發，經過數十日終於抵達明州（今寧波）。翌年元旦，唐玄宗在蓬萊宮（大明宮）含元殿接受百官諸蕃朝賀。藤原清河按照禮節率領日使團謁見天子，唐玄宗稱讚禮儀舉止得體大方。

七五三年藤原清河回國時，唐玄宗派鴻臚寺卿護送使團到揚州，又允許已經居住三十七年的阿倍仲麻呂（漢名晁衡）一同返回日本。在揚州，他們探望了五次東渡失敗並雙目失明的鑑真和尚，藤原清河深感其誠，邀其同行，大師欣然應允。

船隊浩浩蕩蕩出發了，這次鑑真和尚終於跟隨副使大伴古麻呂的第二號船成功到達日本，還建立了唐招提寺。吉備真備的第三號船也安抵日本。

但阿倍仲麻呂和藤原清河的一號船卻禍不單行，不但漂流到安南（今越南），還遇上土著攻擊，百多人中只有他們以及其餘十多人倖免於難。輾轉下拖延了一些時間，他們終於成功回到長安，在唐玄宗的挽留下，兩人都在朝廷入職。可是半年後又遇上安史之亂，兩人跟隨唐玄宗逃往成都，直至七五七年再踏長安。驚魂稍定的藤原清河與唐婦成婚，在七七〇年以六十三歲之齡去世，女兒只有七歲。藤原老來得女，孩子的名稱就叫喜娘。

唐使護送　喜娘東渡遇海難生還

七七七年六月，日本再次派遣唐使訪唐，光仁天皇下詔藤原清河回國，使節團抵達長安時已經是七七八年正月了。使節團得知藤原清河身故後，把詔書交給其遺孀與喜娘。喜娘向副使小野石根表明決心東渡日本的想法獲唐代宗支持，唐代宗任命趙寶英為唐使，護送使節團一行人等啟程。四艘船分別從揚州、楚州和蘇州入海，但趙寶英和喜娘乘搭的一號船卻因為船體斷為首尾兩截，當初送上詔書的副使和趙寶英等六十三人，不幸葬身海底。喜娘和撿回性命的三十一人在海上漂流六天，被海浪沖到肥後（今熊本縣）天草，當時已經是十一月十三日了。

九死一生的喜娘初次踏足父親的家鄉，在太宰府從陸路沿着瀨戶內海北岸前往首都，終於在七七九年的春天到達奈良。雖然父親藤原清河屍骨已寒，勛位隨着異鄉女兒歸來再升兩級，藤原家族的勢力再度擴張，這位繼承父親之志的東渡少女也受到藤原家族的熱情款待，一介女流有如斯大志，聞者無不嘆息。同年五月二十七日，喜娘在難波隨唐朝使者一同出發，回到神州大地母親的懷抱。

藤原清河與喜娘兩代人的壯舉，不但名留青史、創造古代中日關係史上的奇蹟；喜娘更是少數被記載在歷史上的女性。隋唐時代，日本選派的留學生有很多是移民後裔或者混血兒，他們有得天獨厚的語言技能，甚至在中國還有一定人脈關係。唐僧辨正是唐玄宗棋友，兒子秦朝元成為遣唐使官員，得唐玄宗特別優賞；還有跟唐朝女子結婚的混血兒如雕刻佛像名手稽文會，他的中國妻子在其留學回國後生下稽主勛，兒子後來也到了日本尋父，稽文會提出兩人各雕佛像一半，合則表示師門相同可父子相認，最後兩佛像合為一體，喜劇收場。

在奈良尋找昔日唐風

奈良在還原以前的街道模樣方面相當努力，在今日的奈良「平城宮跡歷史公園」，依然能夠找到唐朝的朱雀門以及遣唐使船：平城宮遺跡正門的「朱雀門」為參考藥師寺東塔等現存天平文化建築，而於一九九八年復原重建而成，由朱雀門向南延伸便是平京城主要大道的朱雀大路。

沿着朱雀大路行走穿過朱雀門，便會去到中央區朝堂院、第一次太極殿。太極殿旁邊是有關復原工程的資料館，簡介古代建築技術。再看看公園平面圖，還能發現朝集院、東區朝堂院、第二次太極殿等名稱。那一刻，足以懷疑自己穿梭時空到了一千三百年前的世界。

平城宮址紀念碑、平城宮址保存紀念碑都在朱雀門的附近。每年公園還會定期舉行平城京天平祭，把一千三百年前的情景重新呈現。

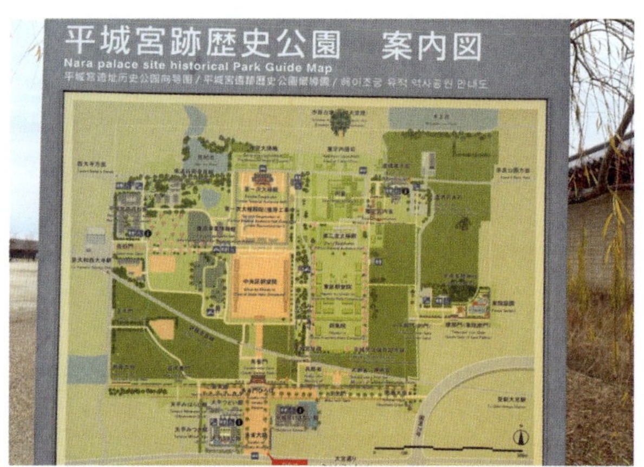

位於奈良縣奈良市市中心的平城宮跡歷史公園，紀念日本一千年前根據唐朝式樣建成的都城。朱雀門旁邊設有歷史博物館，裏面展示珍貴歷史文物、詳細講解遣唐使在船上的生活，是研究航海歷史必到之地。

朱雀門以及朱雀大路位於唐朝長安市內，據説遣唐使們對長安印象最深刻的正是朱雀門。奈良市為了紀念當年日本與中國的交流，復刻了當時的朱雀門。

但是在朱雀門附近的水池，就有一艘復原的遣唐使船展示。雖然船隻並不能真正航行，但論外形，可說是跟教科書裏出現的同一模樣：船身以白色為主，配以紅色的桅桿，船上還有小屋。

當中鉅細無遺地介紹船上的設施、部位名稱、在海上的功能。例如在今日的帆布發明之前，古人以竹葦等植物編織網，再以竹捆綁成「網代帆」使用；又例如小屋相信是供貴族大使使用，其他船上的人都沒有自己的房間。兩邊欄杆還寫有各種有趣的小知識，例如每日每人可以吃的米飯配給份量。

遣唐使船旁邊是歷史博物館天平館，以深入淺出的方式，配以中英日三語簡介遣唐使的事蹟。其中北路、南路簡介和年表都是相當珍貴的史料。為了讓小朋友都能夠理解，資料館還以藤原清河為首，製作三語字幕動畫，透過動畫，不但能感受到當時兩國的友善往來，亦能窺探佛教一時無兩的盛況。為了跨越時代的鴻溝，資料館還細心地以實物配以文字，展示中國、日本、韓國等等互相買賣及送贈的貨品與禮物。

資料館亦展示了二〇〇八年五月揚州市根據唐代凱旋出土文物製作的模型，稱為「友誼之舟」。揚州跟奈良跨越千年的情誼，可見一斑。

平城宮跡歷史公園
奈良縣奈良市
二条大路南 3-5-1

朱雀門旁邊天平歷史資料館室外的遣唐使船模型（上），能夠親身感受在船上眺望朱雀們風景的奇妙感覺。筆者身後的小房子是船上的設施（下），相傳遣唐使的「領隊」如藤原清河，就是居住在這個小房子裏面！

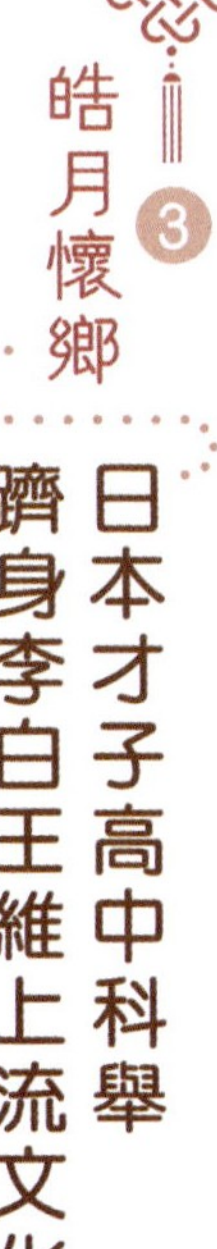

皓月懷鄉 3 日本才子高中科舉 躋身李白王維上流文化圈

奈良公園跟相連的春日大社素以餵食小鹿舉世知名，每日遊客絡繹不絕。乘搭飛機到關西機場便可抵達的奈良，卻是魂斷唐土的阿倍仲麻呂（唐名晁衡）永遠盼不到的家鄉。

在第二章二節中的藤原清河，帶領遣唐使節團出發前曾在春日大社期待明年梅花再發，最終那次成為人生最後的日本賞梅，客死他鄉；除了他之外，歷史教科書中名字最響亮的阿倍仲麻呂，也對春日大社心有獨鍾。

年輕的阿倍仲麻呂是七一七年隨着第九批遣唐使來到長安的，同團還有吉備真備、玄昉等。

作為外交使節，入唐前經已在國內經過細緻挑選，能夠有資格留學的絕大部分都是品學兼優的學生。例如藤原清河讓唐玄宗慨嘆日本是禮儀之邦，一洗隋煬帝小野妹子無禮國書尷尬事件不在話下，阿倍仲麻呂更以非母語的留學生身份，進入國子監旗下太學就讀。唐詩人儲光羲〈洛中貽朝校書衡，朝即日本人也〉就有「伯鸞游太學，中夜一相望」

詩句。注意並非所有來自日本的留學生都可以進入太學，例如三大書法家橘逸勢就因漢語不精通而遭遇太學拒收。

中進士獲賞識　善寫漢詩

無論是日本還是韓國的留學生，都跟唐朝學生一樣要按照規定參加各種考試。留學生參加科舉考試及第者可以在唐朝做官，但歷史上留下美名的留學生以新羅（今韓國）人為主。阿倍仲麻呂就曾經考中進士授校書郎，深得唐玄宗和唐肅宗賞識，多次升遷後官至從三品秘書監。「晁衡」這名字亦是唐玄宗所賜。

唐朝天寶年間李白曾入朝為官，為楊貴妃寫下名傳千古〈清平調〉三首。阿倍仲麻呂就在這段期間跟李白認識，由於年紀相仿，氣味相投，很快成為朋友。可是兩人的友情只不過持續三四年，李白便因為得罪楊貴妃和高力士離開長安，畢生再未相見。

能夠結交李白這種社會名流級別詩人，阿倍仲麻呂無論在官場還是文化界自然也是頂級人物。在他留學期間，唐朝不僅是政治經濟鼎盛時代，也是文學藝術最燦爛輝煌時期。本來就酷愛詩歌的阿倍仲麻呂，更是抓緊一切機會博覽群書提高文學修養，不僅擅長作漢詩，在鑑賞和品詩方面也有造詣，因而結交不少著名詩人。除了「詩仙」李白外，「詩佛」王維、包佶、儲光羲、趙驊都是詩友，包佶就曾形容他「野情偏得禮，木性本含真」。

位於春日大社附近的奈良東大寺為唐朝式樣（上），每年吸引大量遊客參觀。二〇二四年元旦拍攝當日，東大寺正在進行維修（下）。屋頂上金色部分名為「鴟尾」。

曾獲准回國　王維寫送別詩

阿倍仲麻呂歷仕三朝（玄宗、肅宗、代宗），任秘書監，兼衛尉卿等職，卻從未忘記家鄉。七三三年，多治比廣成率領他的遣唐使節團啟程回日本。阿倍仲麻呂上書請求唐玄宗讓他歸國，但沒有獲得准許。到了七五二年，年過半百的他眼見藤原清河帶團訪唐，再次請求，終於獲得批准。唐玄宗留下了贈別詩〈送日本使〉：

日下非殊俗，天中嘉會朝。念余懷義遠，矜爾畏途遙。漲海寬秋月，歸帆駛夕飆。因驚彼君子，王化遠昭昭。

王維為詩友一揮而就，也寫下了名垂千古的送別詩〈送秘書晁監還日本國〉：

積水不可極，安知滄海東。九州何處遠，萬里若乘空。向國唯看日，歸帆但信風。鼇身映天黑，魚眼射波紅。鄉樹扶桑外，主人孤島中。別離方異域，音信若為通。

遇海難留長安　思鄉情化詩句

阿倍仲麻呂跟藤原清河同一艘船出發。如同之前第二章二節所記，他們遇上海難漂流到安南，慶幸撿回一命，而且回到長安重見唐玄宗。在他們抵達長安之前，謠言消息滿天飛，雲遊四方的李白更是痛心寫下著名詩篇〈哭晁卿衡〉：

日本晁卿辭帝都，征帆一片繞蓬壺。明月不歸沉碧海，白雲愁色滿蒼梧。

雖然無法回去日本，但無阻阿倍仲麻呂思鄉之情，永遠流傳在日本詩集《百人一首》。

天の原ふりさけ見れば春日なる三笠の山に出でし月かも

（中譯：回首舉目望蒼穹，明月皎潔掛空中。遙思故國春日野，三笠山月亦相同。）

跟藤原清河一樣，阿倍仲麻呂一直在長安朝中任職，直至七十三歲高齡埋骨大唐。中國人西安興慶公園和日本奈良春日大社都有紀念阿倍仲麻呂的紀念碑、詩碑。春日大社的詩碑就在神社當眼位置，前往參拜不難發現；阿倍仲麻呂詩句中的「春日」，除了指春天之外，更大可能就是解作春日大社。跟藤原清河一樣，春日大社是他們心靈的

位於奈良縣奈良市著名旅遊景點春日大社內的阿倍仲麻呂石碑（上），詩句收錄於日本詩集《百人一首》。

家鄉。詩句中另一個重點詞語「三笠山」，原來也是跟春日大社極之有淵源，而且去過奈良春日大社的，應該都曾經被小鹿牽引過去卻不自知。

詩句與現實中的「三笠山」

平常遊客走入春日大社，參拜過後買完御守便會沿路離開，途中穿過茶寮和幾座小山丘。這幾個現在名叫若草山的小山丘，在古代就叫「三笠山」。名字的來源是因為三個小丘如草笠帽連綿不斷。由於動畫中的哆啦A夢喜愛吃的銅鑼燒跟三笠山形狀相似，所以銅鑼燒在日本語也有一個外號叫三笠山。

由於圍繞若草山旁邊統統都是小鹿，大部分人只看見小鹿，沒有看見山丘，自然也沒有上去欣賞奈良風景。若草山上有五世紀的鶯塚古墳，時代比遣唐使們更早。現在每年一月第四個星期六都會舉行火燒若草山儀式和煙花匯演，祈求防火和世界和平。

井真成——阿倍仲麻呂同船留學生

二〇〇四年，西安市發掘了跟阿倍仲麻呂同船的留學生井真成的墓誌蓋〈贈尚衣奉御井公墓誌文並序〉，震驚歷史界。石碑記錄了一位名叫「井真成」的三十六歲日本留學生在開元二十二年（七三四年）死去，被追封「尚衣奉御」：

> 公姓井，字真成，國號日本。才稱天縱，故能（銜）命遠邦，馳騁上國。蹈禮樂，襲衣冠，束帶（立）朝，難與儔矣。豈圖強學不倦，問道未終，（蹔）遇移舟，隙逢奔駟。以開元廿二年正月（十）日，乃終於官弟，春秋卅六。皇上（哀）傷，追崇有典。詔贈尚衣奉御，葬令官（給）。即以其年二月四日，窆於萬年縣滻水（東）原，禮也。嗚呼！素車曉引，旐丹行哀。嗟遠（逝）兮頹暮日，指窮郊兮悲夜台。其辭曰：（別）乃天常，哀茲遠方，形既埋於異土，魂庶歸於故鄉。

井真成在去世三年前登上了左補闕的從五品下官位，死後被封的尚衣奉御是從五品上的官位，比阿倍仲麻呂位高。因此可以推測，他們生前官位幾乎相同；從歷史上看，尚衣奉御職位大多是由皇帝的親屬或親信擔任。井真成死後追封，表明他深受唐玄宗的信任。

井真成的埋葬地大致推定在今西安市半坡遺址博物館東北、灞橋熱電廠以南的區域。這區域的東北面曾發現隋唐時期通往東方的主要道路——灞河橋遺址，看來還算符合他遙望故里「形既埋於異土，魂庶歸於故鄉」的心願。

位於中國西北大學歷史館藏的井真成珍貴歷史文物——井真成墓。上面刻有井真成入唐後的經歷以及離世之日期。

日本對於井真成的研究，亦如火如荼進行了二十年。雖然墓誌銘上只記錄了他來自日本，但透過日本學者研究，估計他的故鄉是當時日本河內國志紀郡井於鄉，位於今日大阪府藤井寺市。

另外，井真成之名分為「原裝日本名」和「在中國改名」兩種說法，以日本名字命名的説法「葛井氏説」為目前最有力。由於入國子監對家庭背景有要求，有資格入讀並任官的井真成很有可能來自有些名望的氏族，他可能是祖先來自百濟（今韓國）的渡來人、奈良時代望族葛井一族，家廟是大阪府藤井寺市的葛井寺。

雖然墓誌一直放在西安，但是藤井寺市的市民都很愛戴井真成。代表市的吉祥物就是Q版的井真成。一三〇〇年後穿上紅色大唐官服的「真成君」成為家鄉的親善大使，也太讓人感動了。

春日大社
奈良縣奈良市春日町160

若草山（三笠山）
奈良縣奈良市雜司町

葛井寺
大阪府藤井寺市藤井寺 1-16-21

井真成受藤井寺市的市民愛戴，Q 版井真成正是該市吉祥物。

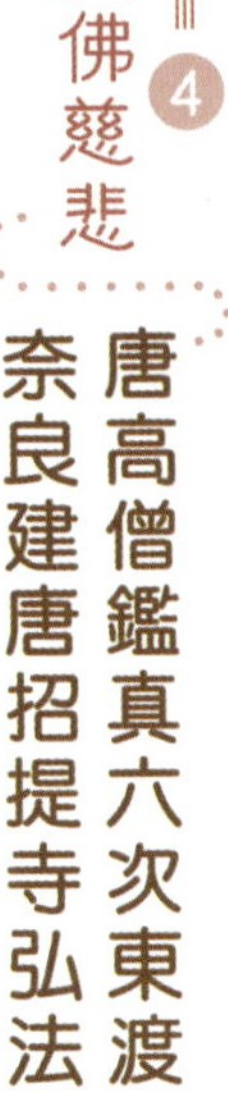

我佛慈悲 4

唐高僧鑑真六次東渡 奈良建唐招提寺弘法

如果說有沒有哪一位中國人在日本歷史上跨越無數年代名垂千古，還要家喻戶曉、萬人景仰，恐怕無人能超越唐代高僧鑑真。

曾與知名遣唐使藤原清河、阿倍仲麻呂在中國見面的唐朝僧人鑑真，以其毅力排除萬難，抵達日本，並且開創了至今依然香火不斷的唐招提寺，見證唐代中日交流美好的傳奇。

故事要從日本奈良縣兩位僧人——榮睿和普照開始說起。榮睿和普照同於奈良的興福寺學習法相宗，並在天平五年（七三三年）受傳戒師義真的招請一同入唐。他們兩人最初在洛陽的大福先寺接受具足戒，並邀請唐朝僧人道璿赴日本弘法。

唐招提寺是鑑真抵日後所建最高佛教學府，位於奈良之西。1998 年，唐招提寺成為古都奈良文化財產其中一部分，正式名列世界遺產。

唐僧人道璿赴日弘法

道璿在唐開元二十四年、日本天平八年（七三六年）與天竺僧人菩提僊那、林邑僧人佛哲到達日本。他到各地講説戒律，使得北宗禪在日本廣為傳播，設置大安寺的禪院，撰寫《梵網經疏》。此外，道璿還精通天台宗，後來他進入吉野的比蘇山寺修禪，為山嶽修驗者帶來不少影響。

日本著名的僧侶、書法家最澄的師傅行表就是道璿的弟子，最澄的「四種相承」（天台、密教、禪宗、大乘戒）思想，就是受到道璿傳來的玉泉天台（荊州玉泉寺的天台）的影響。最澄後來亦跟空海從九州出發前往中國明州修佛法。

留在中國繼續鑽研佛法的榮睿和普照並沒有閒着，當兩人在七四二年來到揚州大明寺拜謁，再次表明求高僧渡日，大明寺眾僧皆「默然無應」，唯有鑑真説「是為法事也，何惜身命」。兩人大喜過望，邀請鑑真東渡日本弘法，鑑真遂立下決心決意東渡。

昔日的揚州少年東渡

兩位日本僧侶在道璿出發到日本後看中的鑑真，六八八年出生於江蘇揚州江陽縣一個佛教家庭，俗姓淳于。他在十四歲潛心向佛，法名「鑑真」。誰也沒想過這位揚州少年，後來成為日本奈良唐招提寺開山始祖，同時被尊為日本律宗祖師。

相比道璿，鑑真的東渡之路艱險重重。當中涉及當年的氣候變化、政治環境，其決心與堅毅精神在千年後的今天，仍為中日兩地佛家弟子津津樂道。

接下來我們看看命運給鑑真怎樣的挑戰。

第一次東渡：七四二年，冬

工欲善其事，必先利其器。鑑真帶着二十一名弟子連同四名日本僧侶來到了揚州附近的東河既濟寺造船。由於日本僧侶手中掌握着宰相李林甫兄李林宗的公函，地方官揚州倉曹李湊亦施以援手。豈料弟子中的道航跟另一位弟子如海開玩笑，激怒對方，如海隨即報復，誣告鑑真一行人跟海盜勾結，準備攻打揚州。由於當時海盜猖獗，官府聞訊大驚，馬上拘捕眾人並勒令日本僧侶馬上回國。雖然其後中國僧侶被釋放，但第一次東渡因此胎死腹中。

第二次東渡：七四四年，一月

經過拘捕再釋放，鑑真一行中國僧侶十五人連同潛藏下來的日本僧侶榮叡和普照，再次密謀前往日本。這次他們僱用了「鏤鑄寫繡師修文鐫碑等工手」八十五人，總數一百人浩浩蕩蕩再次出發。可是來到長江口的狼溝浦竟然遇到風浪沉船，緊急修補過後再出海，又遇上大風漂流到舟山群島。幾日後眾人被獲救，稍居明州余姚（浙江寧波）阿育王寺。豈料開春之後，各地寺院皆邀請鑑真前往講佛法，第二次東渡不了了之。

第三次東渡：時日不明

應各大寺院之邀結束巡迴講法後，鑑真終於回到阿育王寺。豈料越州僧侶不願眼白白看着大師前往日本，竟然向官府誣告日僧潛藏中國目的是引誘鑑真前往日本。官府直接把榮叡打入大牢並遣送杭州，榮叡靠「裝死」逃過一劫。鑑真的東渡再次作罷。

第四次東渡：時日不明

鑑真決定低調行事，改變策略，放棄浙江，來到福州買船出海。這次他率領了三十多人從阿育王寺出發，走到溫州又被官府阻攔。這次阻撓的原來是鑑真在大明寺的弟子靈佑擔心師父路上安危，苦求揚州官府出手。淮南採訪使把他們送回揚州，鑑真第四次嘗試再次失敗。

第五次東渡：七四八年六月二十八日

被阻撓的鑑真一直呆在大明寺，直至榮叡和普照再次來到大明寺求鑑真東渡，鑑真冷卻的熱情再次死灰復燃。這時距離他們七四二年初次請求，已經過了六個寒暑，經歷了四次失敗。

六月二十八日，鑑真率領十四名僧人連同工匠水手共三十五人從崇福寺出發。唐代出海極為倚賴天氣，出長江後，船在舟山群島等待達數月之久，於十一月駛進東海。豈料遇到強大北風吹襲，連續漂流半月到達振州（海南三亞），安頓於大雲寺。停留一年後，鑑真回到中原。

在前往廣州講法期間，相處七年的日本僧人榮叡病死於當地龍興寺，時為七四九年。榮叡與普照是共同經歷苦樂的親友，榮叡臨終前，普照一直在旁照料，悲痛欲絕。

入夏後普照跟鑑真辭別，鑑真向他發誓「不至日本國，本願不遂」，使人動容。事實上由於水土不服加上旅途勞頓，鑑真經已雙目失明，又適逢大弟子祥彥離世，心情悲痛地再次回到揚州。第五次東渡就在人丁散落下結束了。

第六次東渡：七五三年十一月十六日

經過五次失敗後，失明的鑑真在揚州遇上了中日交流歷史上最著名的三位遣唐使：

藤原清河、吉備真備、阿倍仲麻呂。三位飽讀詩書的遣唐使再次邀請鑑真同行，從未忘記跟普照約定的鑑真欣然接受。

豈料遇上當時的皇帝唐玄宗篤信道教，竟然建議改派道士前往日本，禁止鑑真離開。鑑真唯有秘密前往蘇州，再轉搭遣唐使大船。

隨着鑑真出發的二十四人中，僧尼佔十七人，鑑真終於跟隨副使大伴古麻呂的第二號船，在翌年七五四年成功到達薩摩（九州鹿兒島），吉備真備的第三號船也安抵日本。但其他船隻卻不幸與他們失散，故事詳見本書第二章二節的「七海揚帆」。

鑑真的東渡冒險物語至此完結，接着就是他在日本島國上發熱發亮的故事。

建佛教學府唐招提寺

在奈良眾多的寺廟中，東大寺、法隆寺固然聞名海外，此外還有新年期間東西兩塔會作特別公開的藥師寺亦歷史悠久。後人懷念與尊崇鑑真的唐招提寺就在藥師寺的旁邊。

唐招提寺是鑑真抵日後所建的最高佛教學府，卻鮮有人知道「唐招提寺」的前世今生。

唐招提寺位於奈良之西、秋篠川邊的森林內。

鑑真在抵日後第五年的七五九年成立唐招提寺前，這裏是原皇太子道祖王的府邸。

這位道祖王在宮廷鬥爭中落敗，先被廢皇太子地位，其後以造反之罪拘捕，失勢的皇太子在獄中被杖刑拷問致死。

最初抵達日本的時候，鑑真分別受到崇佛的聖武天皇及其女兒、後來的女天皇孝謙天皇重用。

跟鑑真早在中國時已是老相交的吉備真備是孝謙天皇的漢學老師。孝謙天皇篤信佛法，曾為東大寺大佛開眼；又重視儒學，下令全國人民家中必備《孝經》。鑑真在七五四年二月一日抵達河內府（大阪市）時，孝謙天皇就派遣重臣藤原仲麻呂前往迎接。鑑真在孝謙天皇指示下，跟日本華嚴宗高僧良弁共同率領佛教業務。

鑑真在東大寺為孝謙天皇之下的皇族和僧侶約五百人授戒，兩年後受封「大僧都」，統領日本所有僧尼，在日本建立了正規的戒律制度。

最初懇請鑑真渡日的普照在畢生摯友榮叡過身後，跟隨鑑真住在東大寺，據悉於七五九年，普照為了治癒飢餓的旅者，曾在京外街道上種植果樹。

這是鑑真在初抵日本時最順風順水的日子。

信任鑑真的孝謙天皇失勢後，鑑真被之後的淳仁天皇以「政事煩躁，不敢勞老」為理由迅速解除「大僧都」職位，鑑真不得不離開東大寺。唐招提寺正是在這場政治肅清運動中，為了安置鑑真而安排其入住的前皇太子道祖皇府邸，並由淳仁天皇賜名「唐招提寺」，時為七五九年。

在鑑真抵日後第五年的七五九年成立唐招提寺前，這裏是原皇太子道祖王的府邸。現時的建築當然不是唐朝遺留下來，但是其復古建築也是唐風，屋頂上跟東大寺同樣有「鴟尾」。

每年夏天，唐招提寺都有蓮花展覽，蓮花襯托古樸的寺廟甚有風味。鑑真和尚御廟則在寺廟的角落，受來自世界各地的佛教徒景仰。

鑑真和弟子在道祖王留下的府邸安頓下來後，淳仁天皇下旨，令日本僧人在受戒之前必須前往唐招提寺學習，使得唐招提寺成為當時日本佛教徒的最高學府。

圓寂前朝中國方向坐禪

雙目早已失明的鑑真早就垂垂老矣，覺悟自己即將離世的鑑真朝中國的方向——西面坐禪，就這樣跑完奔波勞碌的七十六年人生。在唐招提寺圓寂的鑑真在入滅（按：佛教用語，高僧在涅槃之前的狀態）之際，其弟子為鑑真立像，傳世至今。

唐招提寺正式成立四年後的七六三年五月六日，鑑真圓寂於唐招提寺；至於相伴半生的普照卒年，歷史上並無記載。

鑑真圓寂後第二年的七六四年，孝謙天

唐招提寺在佛教文創精品方面相當有頭腦，例如《心經》的日文讀音Ｔ恤以及日式扇子，還有祭典使用的裝飾品，都讓人大破慳囊！

皇重新登基。鑑真的弟子思托、法進等人相繼成為「大僧都」，唐招提寺也得以擴建，成為日本建築史上的國寶。鑑真所開創的四戒壇成為最澄開創日本天台宗之前、日本佛教僧侶正式受戒的唯一場所。鑑真也被日本律宗尊為初祖。

在唐招提寺展出的屏風由日本風景畫家東山魁夷所作，他在著作《通往唐招提寺之道》中是這麼說的：

> 能夠完成超人事業的人，反而不會依賴自己的意志。正因了解到人類意志的極限，不得不把把自己交給了遠比其更偉大的東西。

也許，這就是佛祖交託鑑真的使命。

唐招提寺
奈良縣奈良市五條町
13-46

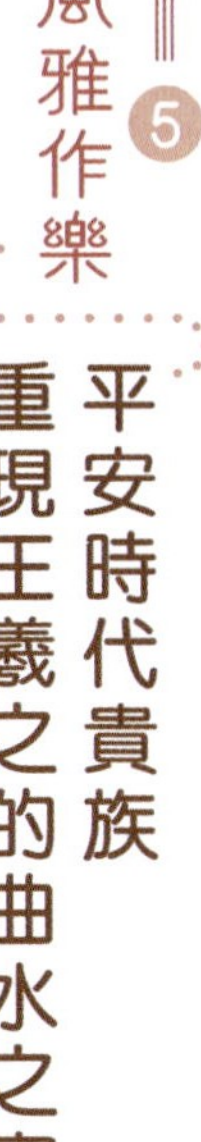

風雅作樂 5

平安時代貴族重現王羲之的曲水之宴

每年二月末至三月初，日本各大百貨公司都裝飾着精巧的女兒節娃娃，稱為「雛祭」或「桃之節句」，中文一般翻譯為「女兒節」，對應五月五日的男兒節（又稱「端午節」）。對於現代人來說，這是日本的傳統文化，但「雛祭」舊名「上巳」，起源是中國古代上巳節的曲水流觴活動，又名曲水宴。

中國早在遠古時代，已會在三月三日上巳節舉行「祓除畔浴」活動，進行「洗濯身體，以除去凶疾」的祭祀。「上巳」是「上旬巳日」的意思，典籍如《詩經》都有出現上巳節蹤影，例如《鄭風・溱洧》就有記錄了鄭國陽春三月祓禊的情景；至於《論語》中也有「暮春者，春服既成，冠者五六人，童子六七人，浴乎沂，風乎舞雩，詠而歸。」《後漢書・禮儀志》亦載：「三月上巳，官民皆禊於東流水上，洗濯祓除，去宿垢，為大潔。」

到了魏晉時代，上巳節正式制定為三月三日。除了民間都跑到河邊去洗滌之外，皇室也臨水除垢、祓除不祥。洗濯身體的風俗又逐漸演化成臨水宴客和郊外踏春，又有了臨水浮卵和臨水浮棗等習俗。奈良時代，上巳節習俗傳到日本，結合了日本神話故事，成為帶有潔淨含意的流雛習俗：在江戶時代，老百姓製作了稱為「形代」紙製人形公仔作為真人替身，祈求把汙穢轉移到其中，再流向河流大海，驅除災禍。

現時日本知名的流雛活動，除了京都下鴨神社外，還有和歌山縣的淡島神社。此外，鳥取縣的倉吉地區現時每年四月初，都會在櫻花盛開之日舉辦流雛活動，當地居民指出活動至今約四十年歷史。

還原王羲之的曲水流觴

中國歷史中最著名的飲酒作樂、吟詩作對曲水流觴活動，首推晉永和九年（三五三年）三月初三的上巳節，中國著名書法家王羲之偕親朋謝安、孫綽等相聚會稽山陰（今浙江紹興），繼修禊祭祀儀式後舉行曲水流觴活動：大家坐在庭園裏的人工流水兩邊，於上流放置酒杯，酒杯順流而下，停在誰的面前，誰就取杯飲酒。王羲之與親朋好友飲酒詠詩，所作詩句先結集成《蘭亭集》，王羲之再為其題《蘭亭集序》。從此曲水流觴（《蘭亭集序》原文作「流觴曲水」）、詠詩論文、飲酒賞景盛傳不衰。

王羲之在上巳節玩得盡興後又過了幾百年，到了唐代，曲水宴成為宮中，甚至上流階級的私宴，漸漸上巳節失去川禊的神聖含義，變成了春天水邊玩樂。詩聖杜甫是這麼説的：「三月三日天氣新，長安水邊多麗人。」不再小心翼翼地祓除不祥變成春遊踏青，麗人配上小伙子是談情說愛的大好時機。

上巳節在中國幾百年間，無論民間還是宮廷皆有不同的活動。有潔淨、有踏青、有春遊，更有曲水、吟詩、喝酒；它還影響了日本平安時代的建築樣式以及庭園設計。現在日本各地仍有舉行曲水宴，都是根據王羲之的《蘭亭序》在近代復原、開始：例如香港人熟悉的福岡縣太宰府天滿宮就在一九六三年重新提倡曲水宴，還有京都府的賀茂別雷神社在一九六〇年為紀念皇孫浩宮德仁親王的誕生而復興過一段日子，其後中斷；到了一九九四年遇上皇太子德仁親王成婚、平安建都一千二百年、第四十一屆式年遷宮，曲水宴又復活了。

日本東北地區的世界文化遺產平泉地區中有寺名曰毛越寺，現時仍保留平安時代的曲水遺跡，足以證明奈良、平安之世，日本貴族深受中國文化影響，在上巳節舉行曲水之宴，飲酒吟詩作樂。

位於日本東北地區岩手縣平泉町的毛越寺是世界文化遺產。

毛越寺保留平安時代庭園建造時的模樣，其中一角正是為平安時代貴族喜好的曲水宴而人工造成的小河。

平泉毛越寺　穿越平安時代庭園

在了解毛越寺前，先來學習有關「平泉文化遺產」的知識。「平泉」是日本古代黃金之國，土地富庶，民風強悍。歷代平泉的統治者都根據佛教的淨土思想建造各種寺院、庭院，表現出當代日本人對死後的理想世界——淨土的想像與期盼。這種把人類想像中的佛教樂園以建築模式呈現，而且範圍龐大，在世界上極為罕見。

根據日本最古老園藝書籍《作庭記》的思想及技法興建並傳承至今的平泉毛越寺，距離今日已經有八百多年歷史。淨土庭園是佛堂與苑池一體設置的庭園，北面以小山為背景，呈現花園美景。大泉池淨水蕩漾，其周邊有沙洲、波濤拍打多石海岸風格的分水石、相當於防波壁的立石、枯山水風格的假山等石組，把自然景觀縮小放入庭園欣賞。寺內幸運地把平安時代的堂塔伽藍基石都妥善保存起來，以大泉池為中心的庭園如實地保留着平安時代庭園建造時的模樣。其中一角，正是為平安時代貴族喜好的曲水宴而人工造成的小河，日本語稱「遣水」。

無論什麼時候買票入場，我們都能夠看見遣水，讓我們投入王羲之永和九年的世界；只要等到五月第四個星期日，毛越寺還會舉行特別的活動，把將近一千年歷史的曲水宴重新呈現。

毛越寺庭院的遣水上漂浮着杯子，優雅的平安時代貴族隨着水流吟唱和歌。參宴的詩人中，男性穿着衣冠、狩衣，女性穿着袿、十二單等服裝，整整齊齊地坐在水流兩邊。繼開幕詞、歌題披露之後，年輕女子紛紛上場，翩翩起舞。隨着遣水上的酒杯飄到眼前，歌人們根據歌題吟誦和歌，交流文思。作品做成短冊後，由講師帶頭唱歌，結束曲水之宴。過程就跟王羲之《蘭亭集序》極為相似。

＊本篇部分相片由孫實秀先生友情提供，特此致謝。

毛越寺
岩手縣西磐井郡
平泉町平泉字大澤
58

每年五月第四個星期日，毛越寺都會舉行特別活動，把將近一千年歷史的曲水宴重新呈現。

第三章

中日友誼

金光閃閃 1
博多市中心
驚見漢光武帝下賜重量級金印

早在兩千年前，《漢書．地理志》中，已記錄了漢朝人對日本的概念：「夫樂浪海中有倭人，分為百餘國。」而日本用漢字，取其「漢」，皆因中國漢朝國威遠播，四夷賓服。漢朝又分開西漢及東漢，這次我們的福岡之行主角是東漢的初任皇帝——漢光武帝劉秀。

在福岡市中心心臟地帶、博多駅的正前方當眼處有個巨大無比的金印，上面竟然寫着篆書？這個金光閃閃的「打卡位」巨型金印，正正是漢光武帝跟福岡市在很久很久以前曾經存在過的奴國親善交流的證明。

熟悉中國文化的讀者們大概已經看到金印上的古文字了吧？至於喜愛書法、印章這些文藝小玩意的朋友們，大概已猜中這巨大金印就是鼎鼎大名的日本國寶級印章、福岡縣「漢委奴國王」金印了！

兩千年前的中國漢朝有根據國內之位給予印綬的制度，並將其應用於周邊國家，以其納入以皇帝為頂點的體制。據《後漢書．東夷傳》記載，「建武中元二年，倭奴國奉貢朝賀，使人自稱大夫，倭國之極南界也，光武賜以印綬。」翻譯成現代語言就是「建武

位於九州福岡縣博多市博多站外大馬路的閃閃發光的巨型金印「漢委奴國王」是五十七年中國典籍《後漢書》中提到漢光武帝賜予奴國（今：福岡平野）王之物。

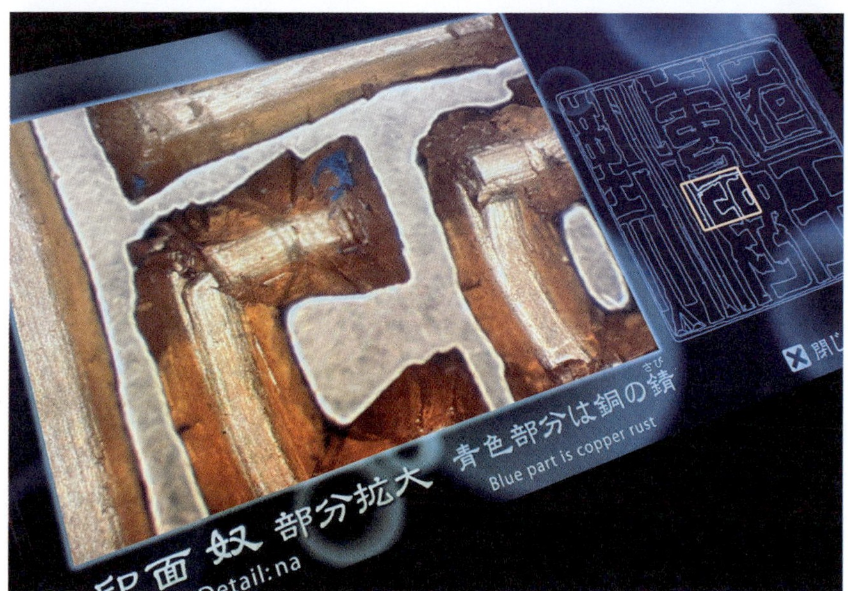

位於博多市內海邊的福岡市博物館內金印真身（上），「漢委奴國王」在玻璃罩內以射燈襯托，獨立佔有專屬展館，足以明白福岡市對這件文物的重視。館內使用高科技，參觀者能夠在螢光幕上以幾百倍放大鏡欣賞三百六十度環迴立體印章（下）。

中元二年倭國眾多邦國當中的奴國遣使朝貢，光武帝劉秀賜金印」。

步行四千公里　感動漢帝獲金印

根據日本歷史記載，奴國雖只有二萬人口，但奴國的使者經朝鮮半島的樂浪郡，往返四千公里步行至東漢首都洛陽朝謁漢光武帝，這份毅力以及忠誠讓漢光武帝大為感動，賜予金印。

在二十一世紀日本的中國歷史網站裏，一般還有着對漢光武帝正面的評價：

光武帝劉秀是後漢王朝的初代皇帝。王莽篡奪漢朝後，曾經出現短暫的新朝。劉秀在新末復興漢室建立了後漢王朝，廟號為世祖、謚號光武帝。因中興漢朝而採用「光」、平定禍亂而採用「武」字。在歷史上，他留下了「得隴望蜀」、「有志者事竟成」和「以柔制剛」等逸話。

現在我們可以乘坐飛機去福岡，那麼在漢光武帝的時代，如何能從中原前往福岡呢？答案就是從洛陽經樂浪郡，穿過三韓土地入對馬國，再入倭國、伊都國即可。對馬國就是現在行政地理上隸屬長崎縣的對馬島，對馬島是日本唯一沒有西洋蜜蜂，只有本土蜜蜂棲息的島嶼。生產的蜂蜜相當珍貴而且美味。

志賀島農夫意外發現

金印並非代代相傳至二十一世紀，而是在三百年前福岡的小島——志賀島無意間被發掘出來的。一七八四年，志賀島的農夫甚兵衛整修水田時掘獲金質蛇紐印，印上以陰刻篆體刻有「漢委奴國王」小字。

喜愛中國歷史的日本人，對博多駅附近那個複製的巨型金印有非常高的評價。皆因這巨型金印的刻字坑紋中，連原裝的金印在放大鏡下看到二千年間磨損的位置都完美地復原了。朝聖時不妨用手指摸摸坑紋，重新感受漢光武帝到二十一世紀的歷史滄桑。

盡情跟巨型金印「打卡」後，我們前往福岡市博多灣的碼頭，出發往志賀島。

如果使用公共交通工具，並且只是前往發現金印的金印公園的話，渡輪會很方便，船程大約半小時。假如自己開車，使用導航和付費公路的話，由於現代志賀島已有道路連接，從博多駅前的巨型金印前往金印公園大概需要三十分鐘。

由於在一七八四年二月二十三日發掘出漢光武帝賜給奴國的刻有「漢委奴國王」金印，志賀島成為中日友好記念之地。金印公園面積不大，半小時即可遊覽完畢，園裏分別有楊尚昆一九八〇年「帶水横陳兩市相望友誼永恆」之碑，紀念廣州市與福岡市締結友好；此外還有早年曾留學於九州大學醫學系的詩人郭沫若詩碑，紀念這位跟九州有淵源的中國文人。

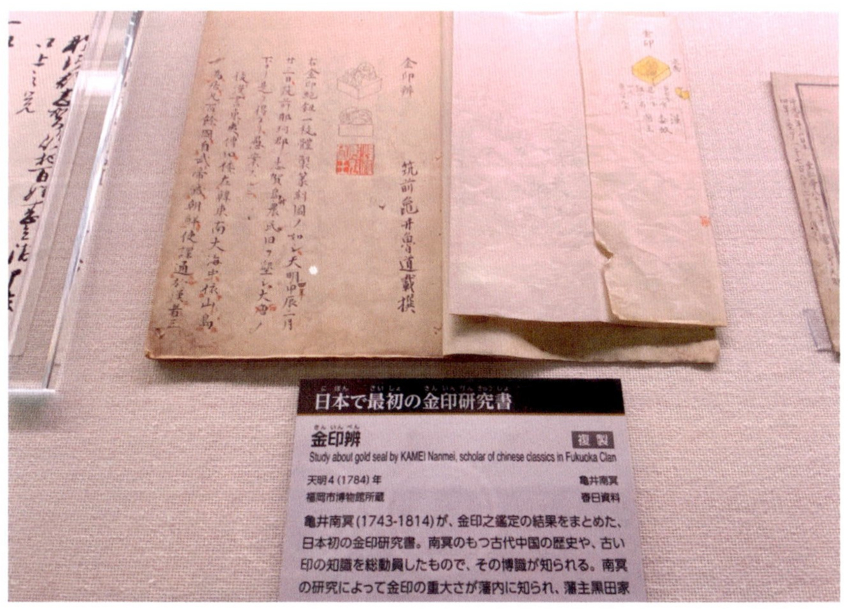

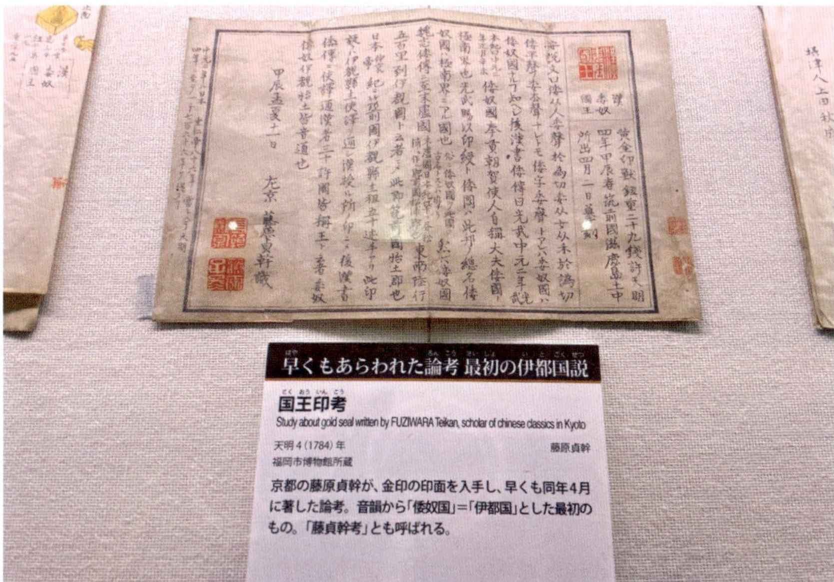

在歷代日本歷史學者對「漢委奴國王」金印的研究紀錄中，藤原貞幹是相當著名的歷史學者。這些數百年前的金印研究紀錄，亦常為內地研究學者所參考引用。

福岡市博物館藏不同印章

志賀島上掘出的金印真身就放在福岡市博物館。從博多駅乘坐巴士過去比地下鐵要方便得多。

這裏除了能看到漢光武帝賞賜的金印真身，還能用最高科技技術近距離欣賞篆刻。在金印之外，還有各種各樣的印章，可以窺見古代中國跟日本的外交關係；館內還有蛇紐金印「滇王印」（仿製品），這是一九五七年雲南發現的。

在金印旁邊，有各式各樣的龜鈕銀印、瓦鈕銅印、駝鈕銅印、馬鈕銅印等等，不同年代印章比比皆是。喜愛美術品工藝品的朋友絕對會賓至如歸、喜出望外。

博物館裏還能追溯三百年前日本有識之士對金印的不同看法。

自從金印出土後，福岡德高望重的漢學家龜井南冥是第一個考證金印歷史由來的學者，並將其獻給了當時福岡藩的藩主黑田家。一九七八年，黑田家將金印捐給福岡市，一九九〇年改由福岡市博物館收藏。

當時福岡開設了兩個學問所，東邊是修朱熹朱子學的修猷館，西邊是圍繞荻生徂徠對理學解釋的甘棠館（按：荻生徂徠是日本江戶時代權威級理學學者，他的學說被稱為「徂徠學」，其核心是他對於「道」的理解）。龜井南冥是甘棠館館長，他以《後漢書》寫了說明金印由來的〈金印弁〉為據，捍衛金印的真實性——三重縣的國學大師本居宣長亦是一代名匠，他認為金印跟日本無關。

福岡市博物館還有另一件藏品，是複製的蛇鈕金印「滇王之印」。這個印章在一九五七年於中國雲南省石寨山發現，《史記》記載，這是漢武帝打敗滇王後，滇王投降後被賜予之印。目前考古學上發現的蛇紋金印就只有「漢委奴國王」和「滇王之印」，是非常貴重的事實證明考古資料。

福岡市博物館除了日本境內發現的金融之外，亦有展出其他不同年代來自中國的印章。

奴國戰敗　流落志賀島埋金印

為什麼金印會流落在志賀島呢？明治年間出生的考古學者中山平次郎提出了「奴國亡國」說，我們姑且了解一下。

二世紀後，日本列島的生產力大幅度提高，生產力的中心由九州地區移至近畿地區，出現了由卑彌呼女王統治的強大的邪馬台國。奴國國王戰敗被逐，流落至志賀島，唯有把象徵權力和漢帝國支持的金印埋藏……

細心看博物館內的古代福岡地圖，還會發現博多灣附近原來曾經有過宋人墓地。現在博多駅附近還有個承天寺，普遍相信這是由歸化日本的宋朝商人謝國明皈依聖一國師後創立的禪寺。日本人相信他為日本帶來了饅頭、烏冬、蕎麥麵。而謝國明的墳墓則在博多市中心御笠橋前的楠樹下，繼續看着福岡的變遷。

巨型金印
福岡縣福岡市博多區
博多駅前 1-2

金印公園
福岡縣福岡市東區
志賀島字古戸 1865

福岡市博物館
福岡縣福岡市早良區
百道濱 3-1-1

天下為公 ②

關西海邊別墅移情閣
孫中山的十八次神戶旅程

孫文跟日本關係深厚，這是大家都知道的事實；若然論及孫文真正有淵源的日本城市，神戶必入三甲（孫文主要居住在東京及橫濱）。

一八六六年出生的孫中山出生於廣東省香山縣，比神戶開港時的一八六八年早兩年。據悉當時神戶已有華僑定居。

從甲午戰爭至孫文逝世為止，他總共前往神戶十八次，不但為推翻滿清、建設共和盡心盡力，更讓日本的華僑以及廣大的日本知識份子，見到新中國的希望。

神戶對清末中國而言，是個緣分深厚之地：一八九九年五月梁啟超來到神戶，並在九月開辦「神戶華僑同文學校」，於一九〇〇年三月正式開校。其師康有為亦在辛亥革命前後逗留於此。梁啟超後來在須磨居留約六年，其間華僑吳錦堂、王敬祥曾傾力相助。學校最初是木造洋式二層建築物，授課語言為廣東話，一直到一九三九年九月才改稱「神戶中華同文學校」，並改以普通話教授。

「孫中山」與「孫文」之稱

孫文在中國普遍稱為孫中山，這是由於流亡期間，他的偽名之一「中山樵」最深入民心：明治三十年（一八九七年），孫文在東京拜訪犬養毅，他在宿舍對鶴館登記名稱時，帶隊的平山周偶爾看到「中山侯爵」表札，孫文再隨心加上「樵」一字而成為「中山樵」。雖然華人圈子向以「孫中山」稱之，日本社會普遍使用「孫文」之名。

連同英國殖民管治時期的香港跟葡領澳門，孫文有半輩子達三十年都在海外活動。據稱，他在一八八七年來到香港西醫書院讀西洋醫學，於一八九二年以優秀的成績畢業，並且曾經在澳門擔當醫生，一八九三年開設中西藥局。

十九世紀末期是飛機未出現的年代，決定棄醫從文的孫文受到政府通緝追捕，多次以船隻和鐵道穿越歐亞大陸等地為中國救亡。孫文在世界各地曾留下足跡之處，都有他的紀念館。

斷斷續續留日九年期間，孫文主要居住在東京及橫濱（可參考本書第三章三節），偶爾亦會探訪熊本友人宮崎滔天（見本書第三章四節）。

除了以上兩地，神戶亦是跟孫文有淵源的地方。從一八九五年十一月初訪神戶起至一九二四年十一月止，共訪神戶十八次，合計五十日。

移情閣：古老的巴洛克式混凝土建築

日本唯一表彰辛亥革命之父孫文的博物館——孫文紀念館位於兵庫縣神戶市垂水區舞子公園海邊的中國式樓閣移情閣。雖然樓閣是八角形，因為看起來像六角，所以又通稱「舞子的六角堂」。它是日本現存最古老的巴洛克式混凝土建築，也是國家重要文化遺產。

關於移情閣的名稱，不諳日語的華人可能都想到「移情別戀」。不過移情閣是日本語「移り変わる風情」的簡略，意思是「風情」會「移動」的「樓閣」：當年，建築師橫山榮吉認為從四面八方的窗戶能看到六甲山地、瀨戶內海、淡路島、四國，故把建築命名為「移情閣」。

兵庫縣神戶市垂水區舞子公園海邊的中國式樓閣移情閣是日本的孫文紀念館。雖然樓閣是八角形，因為看起來像六角，所以又通稱「舞子的六角堂」（左）。建築物外有孫中山銅像，外面亦有天下為公石碑（下）。

孫文訪神戶歡迎會會場

一八九〇年代，日本的華僑貿易商人吳錦堂（一八五五年至一九二六年）在舞子海岸興建了松海別墅，後來擴建為中國式樓閣移情閣。松海別墅是一九一三年孫文一行訪問神戶時的歡迎會的會場。

一九一三年四月，孫文先前往神戶華僑同文學校訪問，其後便參觀川崎造船廠的軍艦「榛名」和郵船「鹿嶋」。之後驅車前往吳錦堂的松海別墅午膳，並在別墅前留影。當晚，一行人前往神戶市長在湊川（今神戶JR站）常盤花壇的晚宴，探訪舊友後，在神戶站坐上了十時五十七分的蒸汽火車前往廣島的海軍與兵工廠重地——吳市。

松海別墅早在一九二八年因神明國道拓寬遭到清拆命運，但在吳錦堂的後代強烈要求下，移情閣這個混凝土建築得到保留。戰後曾有一段時間被捐贈給神戶中華青年會，成為華僑的集會場地，直至一九八四年十一月十二日（孫文的生日），移情閣被捐贈給了兵庫縣，正式成為孫中山紀念館。二〇〇一年搬到現時的位置，而今時今日的名稱孫文紀念館則是二〇〇五年正式更改的。

孫文紀念館是日本現存最古老的巴洛克式混凝土建築，也是國家重要文化遺產。純粹的西洋建築牆壁上裝飾的是日本傳統工藝「金唐紙」，有極高藝術及歷史價值。

「天下為公」石碑

現時，館內除展示着孫文的著作和遺物等珍貴資料外，還保存了孫文在別墅拍下的照片，還有「天下為公」石碑。對於關心藝術以及室內設計的朋友來說，移情閣使用的唐皮紙等館內裝飾亦是一大賣點。二〇一四年，為了紀念開館三十周年，孫文的曾孫宮川祥子以及慶應義塾大學準教授等人出席了孫文銅像揭幕儀式。

來到神戶找尋孫文的足跡，除了要參觀移情閣外，必須要前往的還有位於神戶市中心的「神戶華僑歷史博物館」，地點就在現時神戶中華總商會大樓。這裏以前是廣業公所的 KCC（Kobe Chinese Chamber of Business），玄關設「先人遺德　神戶廣業公所原址」石碑。神戶華僑歷史博物館從神戶地區的華僑視點出發，展出神戶華僑活動、文化歷史的有關紀錄、書畫、美術品、生活用具等。

最初的神戶華僑

早在一八六八年神戶開港之時，已經有中國人的蹤影，他們就是最初的神戶華僑。當時日本和清國之間並沒有條約，中國人要在居留地內居住十分困難，於是他們就開始在現時的南京町周邊居住，也就是後來形成的神戶中華街。神戶的華僑主要以中國南方人為主，他們會根據自己的鄉下形成不同的團體，例如福建省的福建商業會議所、廣東

要了解孫中山在日本的足跡以及神戸市跟中國人移民的詳細資料，必須在這裏購買《孫文と神戸を歩こう》一書。

神戶市中心南京町已有超過一百五十年歷史，屬於日本三大中華街之一。其餘兩條中華街分別位於神奈川縣的橫濱市以及長崎縣長崎市。當中以橫濱市的規模最大。

筆者在二〇一八年曾經跟隨丁新豹教授帶團參觀南京町旁邊的神戶華僑歷史博物館，館內展出百多年中國人在神戶的商業活動以及生活習慣。

省的廣業公所、浙江省、江蘇省、江西省三省共同設立的三江公所等等。

在神戶文化大堂東面、十字路口附近有一列的石碑，分別是黎明之燈和博愛石碑，以及孫文的肩像。但無論如何，這些都不及神戶大丸百貨西面，元町商店街往南走一段道路的中華街南京町人氣鼎盛。

充滿中國風情的小巷名稱

南京町以相交叉的正南正北大街路口為分界，稱為南京東路、南京西路、南京北路、南京南路，正中心南京町廣場。小巷名稱都充滿中國風情，例如有澳門街、珠海街、中山街、香港街、九龍街。百多間中式餐館和華人店舖匯集其間，形成獨特中國人社區。

不過大家也千萬要留意，其實早年華僑的舊居留地跟中華街有一段距離，那個舊居留地的紀念碑，就剛剛好在大丸百貨的旁邊。

＊ 本篇部分相片由宮寺理美小姐友情提供，特此致謝。

孫文紀念館（移情閣）
兵庫県神戸市垂水区
東舞子町 2051 番地

神户華僑歷史博物館
神户市中央区海岸通
3-1-1

南京町
兵庫縣神户市中央区
榮町通 1-2、元町通
1-2

長崎盟友 3

孫文摯友梅屋庄吉 推翻帝制建設民主共和

「日本的好朋友、兄弟一般的中國不應如此被侮辱！」

十四歲的日本少年在上海治外法權的租界上親眼看到中國人被洋人欺凌，憤然衝口而出。這位見義勇為的少年不是別人，他便是後來對孫文拍心口保證「你起義我出錢」的梅屋庄吉，來自日本長崎縣梅屋商店。出於好奇，小伙子搭上了家中的商船鶴江丸，因而看到上海的光景。

從小見識上海百態

時代踏入明治元年，一八六八年。

在梅屋庄吉出生前三個月，長崎縣剛建成日本第一座鐵橋，打響明治維新文明開化的旗號。

梅屋庄吉本來誕生於長崎縣本田松五郎家，出生後不久便被西濱町（今濱町）經營貿易和碾米的梅屋商店夫婦收為養子。養子跟隨養父梅屋吉五郎之姓，從此成為梅屋庄吉。少年庄吉好奇心旺盛、成績優秀、行動力高，因而大膽坐上商船跑到上海，見識了列強佔領下風燭殘年的滿清遺老、肆無忌憚行使治外法權的歐美人，還有面對各種霸道行為的貧民悲慘生活。作為亞洲人的危機感和自覺，令少年庄吉的民族意識醒覺，成為後來與孫文友誼的契機以及對革命志士支援活動的原動力。

孫文比梅屋庄吉早兩年出生於滿清政府統治下的廣東省香山縣（今中山）的貧窮農家，小時候窮得連鞋都沒有一雙。九歲時，孫文從叔叔口中聽到洪秀全太平天國武裝起義，驚為天人。或者就是從此刻開始，改善人民生活必須從政治變革做起的想法就植根在孫文心中。洪秀全的起義雖然是貧民對權力的反抗，畢竟太平軍本身內部亦腐朽不堪，最終還是沒有推翻滿清政府，讓人民過上好生活。十二歲時，孫文依靠在夏威夷的哥哥移居檀香山，從而學習到西方思想，但不久即被家人召回中國；後來他又前往香港學習醫學，成為香港大學的學生。

香港自一八四二年被英國殖民管治後，幾十年間迅速西化。在香港期間，「革命」的念頭在他腦袋裏雖漸漸成型，但所謂孤掌難鳴，孫文還是需要支援的，無論是經濟還是精神上。梅屋庄吉向來有寫下名言、收集剪報、生活紀錄都記錄在備忘錄的習慣，這些個人紀錄後來稱為《永代日記》。透過遠在長崎縣的梅屋庄吉的《永代日記》，我們終於了解到孫文還未成為國父孫中山時，兩位年輕人歷史性的邂逅。

中環經營照相館　在港與孫文結識

一八九五年三月十三日，香港正步入初春。乍暖還寒的時候，發芽的不只百花，還有兩人命中註定的友誼。二十七歲的梅屋庄吉，當時正在遠離家鄉長崎縣的香港皇后大道中 8A 經營着照相館，名字就叫梅屋照相館；而二十九歲的孫文也正寄身香港，痛切地在英式制度與生活中思考時弊。兩人初次見面是在香港的某個慈善派對上。兩天後，孫文來到梅屋照相館拍照。醉翁之意不在酒，孫文在拍照外更希望深入認識梅屋庄吉這位傳聞中「熱愛中國、真心擔心東方人未來」的人物，與他對話。

梅屋庄吉隨即帶孫文步入書房促膝詳談。

梅屋庄吉說：「居住在中國的洋人濫用治外法權，橫行霸道的氣焰是不可原諒的！我們東方人為什麼要低頭，不得不忍受這樣的屈辱！」

梅屋庄吉出生於長崎，後來來到香港於皇后大道中 8A 設立「梅屋照相館」，並且在這裏結交了孫文這位影響他一生的好友。博物館內簡介長崎市作為對外開放港口的歷史，並介紹孫文及梅屋庄吉。

孫文接下去：「如果這樣下去，中國就會被西歐列強分割成為奴隸。中國和日本雖然不幸走入戰爭（按：一個月後，李鴻章赴馬關簽訂《馬關條約》，戰火平息，詳見第四章五節。香港為英國殖民管治地，算中立國），但中日兩國必須團結起來，把中國從殖民地化中拯救出來，才能拯救中國四億人民！恢復世界人道只有推翻清朝，才能實現我國的改革。」言畢，他再說：「希望你能支援我們。那將是保護東方的第一步。」

兩人熱烈交談，竟然忘記了時間的流逝。梅屋庄吉也是熱血好青年，他決心要成為孫文的後盾。

「你出兵吧！我會出錢支持你！」

這就是為了結束君主制傳統，推翻清國，創造平等和平的社會理想而產生共鳴的「盟約」。從一八九五年廣州起義開始，革命運動的武器彈藥採購、機關報的發行資金、對前往革命的志士們援助金、孫文逃往國外的旅費、醫療救援隊的派遣等等，透過電影事業積累了鉅額財富的梅屋庄吉，對冒着生命危險想要實現的革命從不手軟，不斷投入鉅額的金錢援助。

梅屋庄吉把日本作為革命活動的基地之一，又在東京的自邸裏支援與中國之間來回多次的孫文。他們之間還有段小插曲：一九一一年辛亥革命成功後，孫文再次到訪日本已經是一九一三年二月。老朋友梅屋庄吉為孫文洗塵，送上了驚喜的禮物：一人電影會。原來在起義之際，庄吉向當地派遣了攝影師，影片從燃燒的市區、革命軍司令部等，仔細拍攝起義情景，直至翌年一月一日舉行的孫文入城儀式。孫文被這份突如其來的大禮深深感動，多次重看……

在這裏有段小插曲：孫文在日本時有個日本名字叫做中山樵，後來他的家鄉香山縣為了紀念孫文的事蹟，就直接把地名改為中山。現在我們說的祖籍中山，就是跟孫文同鄉的意思。

長崎的孫文．梅屋庄吉博物館

在長崎有座西洋古老建築，名為香港上海銀行。這座西洋建築是一九〇四年建造的，裏面有長崎近代交流史和孫文．梅屋庄吉博物館，讚美及紀念中國革命之父孫文和支援他的長崎出身的實業家梅屋庄吉的跨越國界友誼，內容翻譯如下：

擺脱異族統治的「民族主義」；主權的對象不是皇帝，也不是國王，而是在這片土地上生活的國民，並透過選舉選出的議員進行共和制統治的「民權主義」；再加上排除地主和資本家利益壟斷的「民生主義」，這「三民主義」就是孫文的中心思想。透過孫文以及他日本友人們的努力，終於在一九一一年推翻了自秦始皇以來持續二千多年的君主專制，建立了共和制的國家。

一八九六年，香港上海銀行繼橫濱以及神戶分店之後，在長崎開創了香港上海銀行分店。建築物為古希臘式建築，宏偉非常（上）。地下忠實地保留銀行當時的室內裝潢（下）。現時成為孫文．梅屋庄吉博物館。

博物館除了簡介孫文的理念與夢想之外，還特別描寫在長崎出身，一直支撐着孫文的梅屋庄吉相關故事。

一九一五年，梅屋庄吉及夫人德子以媒人身份為孫文和宋慶齡在梅屋庄吉位於東京的宅第舉行了盛大的婚宴。列席者中包括了犬養毅、宮崎滔天等支撐孫文革命的數十人。看着留下的孫文滯留日本期間的照片，旁邊總是有梅屋庄吉。即使時間逝去，透過這些相片依然能感受到兩人之間的強烈羈絆。

有關孫文跟宋慶齡在東京的事蹟，現在東京的日比谷公園、一九〇三年建築的松本樓，還留下了宋慶齡曾經彈過的鋼琴。

松本樓是孫文以及梅屋庄吉經常光顧的店鋪。創店時就已經受到熟悉西洋文化的日本文人雅士如夏目漱石等等的青睞，當時有種說法是「在松本樓吃着咖喱喝咖啡」，象徵有文化的風雅行為。

松本樓本店位處日比谷公園之內，為白色牆身而外表樸實的四層建築，四周則被公園的樹群包圍。身在商業區鬧市之中的一片綠洲，融合了公園的恬靜環境，格外顯得有幾份毫不浮誇的典雅。

松本樓主要分為兩部分，樓上店面是傳統的高級法式料理餐廳，同時也有可供進行結婚儀式等的宴會場所。

長年奔走於海外的孫文，除了在神戶、熊本等地留下足跡外，還有很長一段時間留在東京。東京銀座附近的日比谷公園內的松本樓，跟孫中山及其夫人就有深厚的淵源。

二〇〇八年前中國國家主席胡錦濤亦曾到松本樓紀念國父與梅屋的友誼。

從正門進入，穿過前台的接待處之後，在前往上層電梯的大堂面前，正是擺放了宋慶齡那座鋼琴的地方，四周也附上解說松本樓與這段歷史淵源的展板。

至於另一部分，則是位處地面１／Ｆ而價格定位亦較為親民的洋食咖啡廳 Grill and Garden Terrace。其入口與正門分開，並且由咖啡廳菜色模型展櫃分隔開。雖然參觀展出鋼琴的大堂部分可以自由觀賞，不過若果其後打算前往咖啡廳就必須先回到室外。有如其名，一樓的部分除有室內以暖色木系裝修的餐室，也有數台位於林蔭之下的室外座席。

菜單選擇有蛋包咖喱飯、燴飯或者扒類，要是以一份飯類再配一杯飲品，午膳的平均價錢約二千多日圓左右，以外食而言雖是稍高，但也未算太昂貴到難以負擔。

當日到訪地面咖啡廳時，是平日的中午時分，所見來客的年齡層普遍較為成熟，例如是附近的中年上班族，或者閒談的年上女性，不過在室外也能見到年齡較年輕而裝扮也頗為優雅的ＯＬ，相信都頗受在附近企業辦公的客群歡迎。侍應當中，雖然也有年輕一點的員工，但樓面主理的都是年齡與舉止頗為穩重的職員。

宋慶齡曾彈奏的鋼琴

松本樓的鋼琴原本放在舉行婚禮的梅屋庄吉邸，孫文夫人宋慶齡彈的鋼琴於一九〇七年由日本樂器製造股份有限公司（即現今YAMAHA）製造，是日本國產最古老的鋼琴之一。這座附有燭台的鋼琴，原本是梅屋夫婦為了掌上明珠購買，由於宋慶齡有一段時間曾經住在東京，並寄居梅屋家，這座鋼琴就成為宋慶齡解悶的樂器。梅屋家後人一直好好保管這座鋼琴，逃過了戰火與地震，後來搬到了松本樓。松本樓現在的社長小坂文乃，正是梅屋庄吉的曾孫。

即使來到二十一世紀的今天，松本樓依然是東京著名的食肆，除了因為一百二十年的老字號食肆之大名外，還因為它跟孫文的一段歷史早已永遠刻記在大家的心中。

松本樓現在以西餐廳模式營運，並且陳列孫中山夫人曾經使用的鋼琴。鋼琴免費向公眾展示，附近裝飾當時的相片。

一九二五年，孫文去世了。梅屋庄吉痛失摯友，卻依然為了實現將孫文畢生的業績傳給後世而投入財產，以現在的價格花費一億五千萬日元製作了孫文四尊銅像捐贈給中國。中國各地都有孫中山紀念館，在香港還有孫中山文物徑。

除了梅屋庄吉之外，後來成為內閣總理大臣的犬養毅、宮崎滔天、內田良平，還有許多在留華僑都曾經支援孫文的革命運動。這些我們留待下一個篇章繼續討論。

長崎市舊香港上海銀行長崎分店紀念館
（內設長崎近代交流史和孫文・梅屋庄吉博物館）
長崎縣長崎市松枝町 4-27

日比谷松本樓
東京都千代田區
日比谷公園 1-2

義薄雲天 4

熊本縣尋孫文畢生好友宮崎滔天與他的傳奇家族

九州熊本縣有個小市鎮叫荒尾市，在中國同盟會成立之前，孫文曾經逗留了半個月，跟好兄弟宮崎滔天一家朝夕相處，共商國是。

荒尾村的宮崎家一門數傑，窮盡一生精神與財產，傾力支持孫文的革命。我們熟悉的三民主義中民生主義有關土地的概念，更是孫文在熊本與宮崎兄弟來往期間受到啟發的成果。

平常提到孫文身邊的日本人，除了第三章三節的梅屋庄吉，另一個大名鼎鼎的就是宮崎滔天以及他的兄弟、家人。梅屋庄吉是長崎縣人，宮崎滔天是熊本縣人，他們都是孫文的左右手。

一門數傑的宮崎家

宮崎滔天出生的家庭人才濟濟，不但有投身民權運動的兄長，還有文武雙全的父親，對子女教育影響深遠。父親長藏（又名宮崎政賢）是荒尾村宮崎家第九代，當時宮崎家是荒尾村首屈一指的地主。長藏不僅學問出眾，還學習軍學、砲學、劍術。最難得的是長藏貴為地主，平時對村人一視同仁、公平公正，是「四民平等」的先驅。

宮崎滔天是家中最小的兒子，長兄八郎比他年長二十年，有「肥後的盧梭」（「肥後」是熊本舊名）美稱。八郎對明治新政府專制政治感到不滿，同時又被中江兆民的《民約論》感動，一八七五年設立了以自由民權思想為題材的植木學校。但由於教育內容的過激，僅半年就被縣政府關閉了。

對抗明治政府的西南戰爭爆發後，民權黨同志們組成了熊本協同隊加入反派的西鄉隆盛軍。由於與西鄉軍的理念亦有分歧，八郎等人本來是打算先打敗明治政府，再跟西鄉軍爭天下。惜出師未捷身先死，一八七七年四月六日於熊本的八代萩原堤壯烈犧牲，得年二十六歲。

宮崎滔天的另一位兄長名叫民藏，只比宮崎滔天年長六歲。這位哥哥跟孫文亦是好朋友，還專程前往中國陪伴他走完人生最後一刻。

民藏在中江兆民的學塾吸收法國思想後，意識到擁有土地是人類的基本人權之一，這一點跟孫文的「平均地權」意念相當接近。民藏曾經前往歐美，後來在日本組織了土地復權同志會，以失敗告終。其後他一直為了籌備資金前往各地，最後在上海遭遇事故，於一九二八年去世，享年六十三歲。

除了以上兩位哥哥外，宮崎滔天還有一位只有四年差距的中國通哥哥彌藏。由於家境殷實，彌藏跟其他兄弟一樣，前往大阪東京遊學。由於健康欠佳，回到熊本療養期間，一直與哥哥民藏、弟弟滔天討論哲學社會問題，往往激烈得臉紅耳熱。

彌藏支持自由民權思想，對於西方列強漸漸染指東亞感到憂慮，他希望以革命形式在中國建立理想之國，然後與其他亞洲民族攜手恢復全世界的人權。為了實現這個理想，他把自己當成中國人生活，不但在橫濱的中華商館改變自己的髮型，還學習中國的語言及習俗，最後還改了中國名稱「管仲甫」。彌藏在一八九六年認識孫文身邊的陳少白，欣喜若狂；可是由於肺結核，最終在二十九歲鬱鬱而亡。

宮崎滔天正是在這樣的家庭中成長。兩位兄長的英年早逝，讓他感受到支持中國推翻帝制，建立民主共和社會如同天命。

積極為孫文穿針引線

宮崎滔天出生於一八七一年，是長藏的八男。他曾經在東京專門學校（現在的早稻田大學）和長崎卡布里英和學校（現在的長崎韋斯萊揚大學）就讀，是個知識分子。他對哥哥彌藏提倡的亞洲主義很是認同，曾經在一八九二年到過上海。

滔天邀請孫文到宮崎家作客時，已經是一八九七年的秋天，彌藏經已離世。滔天和民藏繼承了彌藏的志向與夢想，那份革命的熱情使他們跟孫文迅速建立起堅定的友誼。

宮崎滔天在孫文人生中另一個重要的角色，是向世人介紹了當時還寂寂無名的孫文。一九〇〇年惠州起義失敗後，宮崎滔天成為浪曲師，在日本各地巡迴演唱以革命運動為內容的歌曲。後來他又寫下了自傳《三十三年之夢》，令在日本留學的中國人對孫文留下深刻印象。到了一九〇五年七月，他更在孫文和黃興間穿針引線，以此為契機成功把其他中國革命家連結起來。以留學生為中心的中國同盟會，也是宮崎滔天努力的成果。

雖然宮崎一家曾經貴為地主，但是在眾兄弟一直拼命以精神金錢支持中國革命下，宮崎家開始走上拮据的生活。幸得家人們的諒解與支持才渡過難關，未至於破產。

自傳《三十三年之夢》介紹孫文得迴響

明治三十五年（一九〇二年），宮崎滔天在成為浪曲師時，在寫下自己前半生的《三十三年之夢》中介紹了當時無名的孫文，給在日本留學的中國人留下了深刻的印象。這本書的中文版出版後，孫文的名字立刻在中國人中廣為人知；一九〇五年宮崎滔天更成功讓孫文和黃興攜手合作，並且以此為開端，成功握住了以往主張不同的中國革命家們的手，為以留學生為中心的中國同盟會的形成作出了巨大貢獻。

宮崎滔天為好兄弟的革命傾盡心血，奉獻了從家庭分得的祖先土地和財產。他的妻子槌做副業支撐家庭、支持丈夫的理想，即使經濟不寬裕，總是好好招待和安頓身在日本的中國革命家們。

當時，滿清政府對中國革命家在日本的活動非常警惕，要求日本政府限制他們的活動。警察們知道了宮崎滔天的困境，甚至向其提出出賣中國革命家情報換錢，宮崎家當然誓死不從。

不過，當中也有對陷入困境的宮崎家狀況表達同情的警察。根據宮崎滔天資料館內職員所述，宮崎妻子槌的《亡夫滔天回憶錄》中出現過以下的話：

孫先生來到原町家後，經常從小石川的富坂署來的高等刑警叫北村利吉。看到我們都很貧窮，來的時候總是帶着茶袋。我們家就算客人來了也沒有茶。

一九一一年十月收到辛亥革命爆發的訊息後，宮崎滔天第一時間為了協助革命前往中國，並且在香港迎接從歐美回來的孫文。辛亥革命成功後，他在長崎迎接搖身一變成為國賓視察日本近代化產業的孫文，陪伴他訪問日本各地，亦有一起回到熊本荒尾的宮崎家。他們的友誼一直持續，直至一九二二年，宮崎滔天因病過世。

孫文離世時，民藏一直在旁邊陪伴；孫文離世後，滔天的夫人以及兒子亦有前往中國哀悼。世人往往知道宮崎滔天，卻忽略了宮崎家全員一直都是孫文的好朋友，他們的友情足足持續了一輩子。

宮崎家日式舊居　成宮崎兄弟資料館

位於熊本縣荒尾市的宮崎兄弟資料館距離車水馬龍的遊客區熊本市中心約一小時車程，無論是自己開車過去，還是乘搭ＪＲ鹿兒島本線都能前往參觀。這個資料館其實是宮崎家舊居，除了中國人耳熟能詳的宮崎滔天之外，他的父親兄弟都在這裏有過生活的痕跡。

入口的告示板醒目地貼上了中文與日文的告示，提示大家即將有各種中日交流的友好活動，亦有在中國舉行的孫中山與宮崎滔天紀念活動內容簡介。不難想像，宮崎滔天與孫文的友情是讓後人尊敬而且懷念的跨國情誼。

走入這座傳統的日本房子，便會看見曾經在課本上出現過的梅花樹。梅花樹是從福岡附近的太宰府移植過來，象徵宮崎家本來的「根」位於該地。資料館內展示了大量有關宮崎家每位兄弟對追求民主民權等等的訴求，其中最吸引中國遊客關心的，必定是宮崎滔天與妻子槌以筆談方式跟孫文對談的蠟像。由於日本很早已經接觸漢字，所以有

宮崎滔天資料館內，以蠟像向參觀者展示孫文與宮崎滔天當年進行筆談的情景。（上）兩人在此地共商國事，以文字傳達對未來的展望。旁邊為宮崎滔天的妻子槌。

知識的日本人對漢籍、漢文都有研究，可是由於讀音的不同，未必能順利跟中國本土的文人以言語溝通，以筆墨交流相當盛行。當然宮崎滔天與孫中山的英語能力也有一定水平，能夠成為人生中的知己必定有語言能力配合才能成事。

宮崎家留下了孫中山逗留期間與滔天交換的筆談紀錄，庭院裏除了尚有展板提及過的梅花古木外，還有宮崎滔天為了尋找中國革命的線索而訪問的暹羅帶回來的菩提樹。

要了解宮崎滔天的生平以及他跟孫文的關係，透過資料館中宮崎滔天的自傳《三十三年之夢》不難找到答案。宮崎滔天憶述兩人初見於小旅館，當時孫文身上穿着睡衣。宮崎滔天有點驚訝做大事的人衣着隨便，但閒談過後，便為自己以貌取人感到羞愧……

見證中日友好的跨國友誼

荒尾市除了有專門紀念宮崎兄弟的資料館外，市中心還有雄偉的紀念碑。旁邊是個中國式的涼亭，裏面有孫文寫的「博愛」牌匾複製品。

革命成功後的大正二年（一九一三年），再訪荒尾市的孫中山發表了演講，感恩宮崎氏始終不懈怠為中國革命奔走，亦將他評價為「日本的大改革家」：「如果日中兩國國民能維持兩君（滔天和彌藏兄弟）和予（孫文）的交誼，千萬年後可實現兩國合作融和。」又就兩國留下了「確信雙方未來發展和幸福」的話。

荒尾市市中心的孫文與宮崎滔天紀念碑（上），紀念兩人跨國的友情與中國辛亥革命的貢獻。紀念碑旁邊是中國式的涼亭，裏面掛上孫文寫的「博愛」牌匾複製品（下）。夏天時，熊本市民們一面乘涼，一面憑弔兩人轟轟烈烈的友情。

這座在住宅群中的孫文．宮崎滔天記念像，紀念辛亥革命百多年後，兩人的跨國友誼超越了個人層面，成為中日友好的橋樑。

＊ 本篇文章資料館部分相片由荒尾市地域振興部、觀光文化交流課、世界遺產文化交流室友情提供，特此致謝。

荒尾市宮崎兄弟
資料館
熊本縣荒尾市荒尾
949-1

宮崎家是荒尾市早年著名的家族，家境富裕；由於紀念宮崎滔天與中國辛亥革命的關係，宮崎家受到熊本縣荒尾市的保護，成為紀念館促進兩地感情。梅花樹是從福岡附近的太宰府移植過來（下左）（下右），象徵宮崎家本來的「根」位於該地。每年冬天，「寒梅傲雪」一景都是當地人的驕傲。

資料館中展示教科書中經常出現的圖片：孫文在熊本縣荒尾市宮崎宅第與宮崎滔天的合照，背後為梅花樹。

宮崎滔天的老家成為紀念中國日本友情的重要根據地後，門前的告示牌總是貼上不同的通告介紹各種歷史文化推廣活動，促進中日兩國友好交流。即使參觀者無法參與，也能感受到兩地人民的熱情與友善。

5 棄醫從文

國民作家魯迅與仙台剪不斷的緣分

一九〇四年，如火如荼的明治維新已經推行了三十七年。這一年，日本與俄羅斯之間的戰爭開始了，結局是日本大獲全勝。

停留在清朝帝制統治之下，無論政治還是經濟都一蹶不振的中國，無數愛國之士希望用各種方法拯救水深火熱的家鄉。看到同樣是亞洲的國家日本華麗轉身，讓他們意識到是時候向日本學習了。

在芸芸莘莘學子之中，周樹人登場了。一九〇二年春天，一八八一年生於中國浙江省紹興市的周樹人以官方留學生身份來到日本，就讀東京弘文學院。當時東京已經設有外國人學校，具備類似今日的日本語言學校，為剛到埗的留學生提供基本語言教育等等。

周樹人在學期間曾經向浙江省同鄉會的雜誌《浙江潮》投稿，亦曾經參與有關學校教育方針的示威活動。

雖然周樹人在東京度過最初的留學生活，又積極參與各項課外運動，這位青年卻現實又冷靜地思考未來的道路。他隻身跑到今日東北地區宮城縣仙台市東北大學的前身仙台醫學專門學校，遠離同國籍的留學生，同時真正走入只有日本人的環境。

仙台首位外國人留學生

有關仙台醫學專門學校，它是一九〇一年剛剛從第二高等學校醫學部分拆出來的院校，才分拆出來三年，周樹人便入學了。由於他是仙台歷史上第一位外國人留學生，一度在一九〇四年成為當地報章上的新聞人物。

大家或者有興趣，百多年前的清朝外國人學生到底是如何考入日本高等教育學府呢？當時要招收外國人必須符合以下三大條件：第一點，清朝公事的介紹書；第二點，學校有充裕條件；第三點，中學畢業。有關第三點，當時日本的校長是直接為周樹人蓋章認可。

在仙台的學校，周同學每天上課時間從早上七時開始，學習的科目有德文、組織學、解剖學、生理學。在解剖學的功課裏，周同學繪畫的人體構造圖特別漂亮，老師的評級是：真正的血管沒有這麼工整漂亮。

周同學後來回國了，成為今日大家都認識的國民作家魯迅。他的作品在日本也能看到，一九三六年魯迅過身時，仙台的報章都有訃告。可是由於使用筆名，當年有些同學還不知道周同學就是大名鼎鼎的中國作家魯迅。有關魯迅在仙台的留學故事，我們知道他在仙台期間總共有七張相片留下來，而同學對周同學的印象是「喜歡吃甜食的人」。

在前往仙台朝聖之前，不妨先閱讀以魯迅真人真事為題材的作品〈藤野先生〉（「先生」在日語中是老師的意思，並不是單純男士的稱呼）。

小說〈藤野先生〉的魯迅形象

藤野先生是魯迅大學時期的老師，原名是藤野嚴九郎。他是來自北陸地區福井縣的解剖學者，跟周樹人首次見面時剛剛成為教授，年紀不過三十歲。

留學生的周樹人對藤野先生的印象很深。

解剖學是一年級學生的必修課程，周同學每星期會有四節課跟藤野先生見面。

「我的課堂都抄到筆記了嗎？」

「都抄了一點。」

「拿來給我看看修改吧。」

周同學把課堂上的筆記交給藤野先生後，過一兩天便會收到批改過的筆記。從此，周同學每周都會給老師交上筆記，讓周同學最驚訝的是，每次老師都會細心地用紅筆從頭到尾好好批改，讓他極為感動。

魯迅在仙台留學期間棄醫從文、渴望以文章拯救國民的心路歷程，都能夠在小說中找到雪泥鴻爪。

由中國肇慶市贈送的魯迅銅像（上）就在仙台市博物館旁邊，還有紀念盧溝橋事件三十周年而於一九六七年種植的樹，寫上「日中不再戰」（下）。

棄醫從文　藤野老師贈照惜別

一九二一年出版的魯迅小說《吶喊》自序中，曾經提過在仙台醫學專門學校二年級時上課間看到日俄戰爭的幻燈片以及相片，深深為當中中國民眾的身影而觸動。雖然文學作品或多或少都包含創作的成份，但是有關戰爭的幻燈片在學校上映這件事情，在現在留下的資料中還能得到確認。

一九〇六年春天，周樹人決定放棄讀醫科，利用文章改造中國人的精神思想。藤野先生在周樹人離開仙台幾日前招呼他到自己家裏，並親手送了一張自己的照片作為留念。這張相片現在收藏在北京路上博物館，背面寫着「惜別」二字。

仙台的魯迅研究和博物館

自從一九二〇年日本首次有有關研究魯迅的論文出現，直至二十一世紀的仙台市，一直有有志之士進行相關研究工作，例如日本中國友好協會宮城縣聯合會泉支部就一直有推廣魯迅跟仙台的活動。

魯迅的銅像和紀念碑現在就在仙台市博物館旁邊，無數文人雅士、各地遊客，都會在銅像前駐足觀看、談論自己曾經讀過的魯迅作品。

參觀仙台市博物館旁的魯迅半身雕像、魯迅之碑，然後往東北大學片平校區移動。魯迅在仙台留下的點滴以及有關仙台對魯迅的研究記錄，我們可以去東北大學片平校園史料館參觀。據稱，東北大學是第一所擁有文件資料館的大學。

從仙台博物館到東北大學史料館，中途會經過魯迅住所遺址。魯迅留學仙台時曾居住在現東北大學附近的片平丁（現在地名為米之袋）和土樋兩個地方。其中的片平丁住所是一座兩層的木製樓房「佐藤屋」，由舊仙台藩士佐藤喜東治經營。幾個月後魯迅就搬走了。但由於佐藤喜東治的孫竹中正雄跟魯迅的後代也有交流，所以這裏就好好地被保存下來了。

東北大學史料館館內常設的「魯迅紀念展示室」長年展覽魯迅學生時代的相關資料。最值得參觀的要數「魯迅的階梯教室」，這是一座儘管經過翻修、移築，也繼續保留至今的珍貴建築。不過要留意的是，參觀階梯教室採完全預約制，需要預先以電話或電郵聯絡東北大學總務企劃部廣報課：022-217-6090／koho@grp.tohoku.ac.jp。

東北文化會館日中友誼庭園

可能因為魯迅結下的緣分，東北大學跟中國自此建立良好的關係：一九二四年留學東北帝國大學第三臨時教員養成所成為講師，並於後來的一九三一年取得微積分幾何學研究學位的中國數學家蘇步青教授；此外還有同時期的數學家陳建功教授，於一九二九年成為日本首位取得理科博士學位的外國人博士生。此外還有跟魯迅一樣修讀醫科的陶晶孫，他不但是一位醫生，同時是跟郭沫若、郁達夫等人同期的文學學者。之後他再次來到日本，其學養與音樂造詣在日本文人界中甚為著名。

中日和平友好條約締結四十周年的二〇一八年，仙台市內建成了東北文化會館日中友誼庭園，並種植了紀念蘇步青夫婦的「蘇夫婦櫻」，地點在創價學會會址內。不過由於是私人地方，不作公共開放，遊客也只能望門興嘆了。

魯迅銅像
宮城縣仙台市青葉區
川内 26
（仙台城三之丸遺址）

東北大學史料館魯迅紀念展示室
宮城縣仙台市青葉區
片平 2-1-1
（東北大學片平校園內）

第四章

歷史回音

萬世師表 1

孔子《論語》與宋明理學東渡扎根湯堂聖堂

距今約半個世紀前，香港的年青一代曾經掀起過哈日潮。松田聖子、山口百惠、中村雅俊都是香港老一代熟悉的日本歌手。當中由三人組合竹取姬在一九七四年推出的名曲〈神田川〉，自一九七四年起便雄霸天下成為一代傳奇。神田川是東京市中心的河川。它以井之頭池為水源，經過早稻田大學北、飯田橋、御茶水最終注入隅田川。在上世紀的六十至七十年代，沿着神田川有不少學生宿舍，〈神田川〉歌詞描寫情侶在狹窄宿舍同居，過着艱苦的生活。

神田川不但象徵學生，神田川還象徵了日本學校教育起源之地。這裏跟中國偉大的教育家孔子也有淵源。

改戰國風氣　德川幕府倡儒學

十七世紀中葉以後日本已無戰亂，定都江戶的德川幕府為了一改戰國時代以來武士的武勇鬥狠之風，倡導儒學以治世。但是最初江戶的儒教中心地並不在神田而在上野，而且正正在現在世界聞名的賞櫻名所上野公園。

年少時已在德川家康身邊的儒生林羅山，前後共效力四代將軍，對德川幕府早期成立時的各種相關制度、禮儀、規章和政策法令的制定和日本儒學的推展功不可沒。第三代將軍德川家光，曾支援林羅山在上野忍丘（今上野公園）創立私塾發揚新儒學，而德川御三家之一的尾張藩主德川義直則出錢建立了稱為「先聖殿」的孔子廟，把孔子當作學問的先哲來祭祀，後來又易名「忍丘聖堂」。

同為德川御三家之一的水戶藩藩主德川光圀，其身邊的明朝遺民儒生朱舜水就曾經稱讚：

> 聞貴國京江户，有設學校之舉。甚為喜之。貴國諸事俱好，只欠此耳。然此事是古今天下國家第一義，如何可以欠得。今貴國有聖學興隆之兆，是乃貴國興隆之兆也。自古以來，未有聖教興隆，而國家不昌明平治者，近者中國之所亡，亡於聖教之隳廢。聖教隳廢，則奔競功利之路開，而禮義廉恥之風息，欲不亡得乎？

這位朱舜水正是本書第三章四節一文的主角，他的儒學重實功實用，將中國經世濟民的禮儀、制度、文物等介紹到日本，一掃當時日本知識界崇佛説理的空疏之弊；另一方面由德川光圀領軍的水戶學派，則追隨朱舜水倡議春秋史學精神，編修《大日本史》宣傳尊皇思想，為日後廢藩置縣、一統國家而實施維新體制奠定了基礎。可惜他在一六八二年已沒，未能目睹幾年後神田川湯島聖堂的成立。

振興儒教　德川綱吉建湯島聖堂

讓神田川變成學校跟崇拜孔子之地的，是林羅山沒後三十年掌政的德川幕府第五代將軍——德川綱吉。

德川綱吉認為忍丘本來就是寬永寺的用地，在佛教用地裏傳儒教並不相宜；再加上振興儒教是國家的事業，不應以

湯島聖堂內的地圖上寫着孔子廟、神農廟與昌平坂學問所。

林家的私塾存在。於是由德川幕府親自出錢出力，在一六九〇年在神田川北面建立了官辦的孔子廟。此外，由於忍丘的前孔子廟竟由尾張德川家的人出資興建，德川綱吉也很不爽，把尾張藩主德川義直寫的「先聖殿」牌匾拆掉，又按中國慣例，將先聖殿改稱為「大成殿」，又將周圍的附屬建築稱為「聖堂」，此乃今日「湯島聖堂」之名來源。忍丘的林家私塾後來也遷到此地，並在一七九七年易名「昌平坂學問所（昌平是孔子出生的村落名）」。

自始，神田川就是江戶幕府培訓人才之地。

明治維新期間，昌平坂學問所和主管天文的天文方（後來的開成所）、主管醫療的種痘所（後來的醫學所）合併成為現

一六九〇年，孔子聖殿改稱「大成殿」，周圍的附屬建築稱「聖堂」，此乃今日「湯島聖堂」之名來源；忍丘的林家私塾後來也遷到此地，並在一七九七年易名「昌平坂學問所（昌平是孔子出生的村落名）」。

在東京大學的前身「東京帝國大學」。

明治以後，湯島聖堂建有文部省、國立博物館（現在的東京國立博物館和國立科學博物館）、東京師範學校（後更名東京教育大學，最後成為現在的筑波大學）、東京女子師範學校（現在御茶水女子大學）。後來文部省搬往霞關，國立博物館搬往上野、東京師範學校搬往文京區大塚再到茨城縣筑波市、東京女子師範學校也搬到文京區大塚。現在湯島聖堂部分土地上，就建立了東京醫科齒科大學。

因此，如果有所謂地靈人傑，神田川的神話就維持了近四百年。

採中式設計　內有楷樹和孔子像

根據記載，最初德川綱吉年代大成

孔子廟以中國傳統建築式樣建成，牌匾上為「入德門」三字。「入德」指進入聖人品德修養的境域，《禮記．中庸》：「君子之道，淡而不厭，簡而文，溫而理，知遠之近，知風之自，知微之顯，可與入德矣」。

殿模仿中國式樣而建，外觀為綠色，柱子是紅色的。但在一七九九年，曾把建築物塗成黑色。一九二二年，湯島聖堂曾被指定為國家級歷史遺跡，可是除德門和水屋以外，都在關東大地震燒毀了。現在的大成殿是一九三五年由伊東忠太設計，大林組施工再建，他同時是築地本願寺的設計師。由於湯島聖堂中華風的建築風格，一九七〇年代和二〇〇六年日本拍攝電視劇《西遊記》時，都曾在此拍攝外景。而那裏一道跨越JR御茶水站和神田川的橋樑，也因連接橋南的東正教尼古拉聖堂和橋北的湯島聖堂而取名「聖橋」，足見孔子威望。

聖堂境內的建築物，還有在江戶時代建立，後來移築到境內的「神農廟」。神農廟僅在十一月二十三日的神農祭當日開放。

聖堂有棵楷樹，是大正年間從孔子故鄉曲阜帶來種植的，相傳孔子過身後，弟子在墓邊

孔子廟裏另一牌匾上寫上「杏壇」，紀念孔子授徒講學。此語典故出於《莊子・漁父》:「孔子遊乎緇帷之林，休坐乎杏壇之上。」後人因而在山東曲阜孔廟大成殿前築壇、建亭、書碑、植杏，取名杏壇。今以杏壇泛指教育界。如「杏壇芬芳錄」。

種了楷樹。另外聖堂境內還有一個號稱世界最大的孔子像，是一九七五年由台灣的國際獅子會所捐贈，製作者為師範大學美術系闕明德教授。

今日我們走入大成殿會看到孔子及其弟子的神像，其中最重要的當然是擺放在正前方的孔子坐像，旁邊則有孟子、顏子、曾子、子思等坐像，另外兩邊上方掛有孔子弟子的畫像。值得注意的是，湯島聖堂為祭祀孔子而舉行的「孔子祭」，日子定在每年四月最後一個星期日，與華人孔廟「祭孔大典」的九月二十八日並不相同。

考試季節　考生祭拜

除了四月的孔子祭之外，湯島聖堂還有元旦特別參觀日（一月一日至一月四日）、針灸節（五月第三個星期日）、神農節（十一月二十三日，勤勞感謝日），以及每年不定期的湯島聖堂文化演講會。

由於孔子的聲望，每到考試季節往往吸引許多考生前來祭拜，跟前往附近祭祀菅原道真的湯島天滿宮分庭抗禮。到底是中國萬世師表孔子較靈驗，還是日本學問之神菅原道真更為強大？我們可以肯定的是，出生於平安時代的菅原道真擅長漢詩漢學，大約生前也曾研習孔子的《論語》吧？

孔子入鄉隨俗，在日本竟有繪馬？湯島聖堂繪馬設「古聖堂圖」及簡單「合格」二字。由於聖堂由德川家出資興建，旁邊的木製器具上就有明顯的德川葵紋（下圖右方）。

孔子入鄉隨俗，在湯島聖堂販賣的日式御守成為日本東京莘莘學子保佑考試合格的試場必備品。

湯島聖堂

東京都文京區湯島1-4-25

JR 御茶ノ水駅 / 東京 METRO 千代田線新御茶ノ水駅 / 東京 METRO 丸の内線御茶ノ水駅步行 2 分鐘

海上貿易 2

博多港鴻臚館 從沉沒商船看中日貿易

堪稱二十世紀最大海底考古發現之一的新安沉船，同時牽涉到中國、韓國、日本三個國家。經過接近八年的打撈工作，沉船的身世終於水落石出，見證了古代中國日本海上絲綢之路的貿易往來。有關中國與日本的海上絲綢之路來龍去脈，除了前往韓國新安沉船博物館親身解讀謎團外，另一個要到訪的便是位於博多港的鴻臚館。

赴筑紫途中沉沒　韓海域打撈中國商船

一九七六年十月，韓國木浦海域打撈出中國元朝至治三年從慶元市舶司港口（今日寧波）出發到筑紫（今日博多）的貿易船。這艘航行途中意外沉沒的木船目的地是日本，前往日本的船隻無論停泊還是繼續航行，都會在筑紫的「鴻臚館」停泊休息、補充物資。

鴻臚館是古代中國日本貿易不可或缺的存在。早在平安時代，平安京（今日京都）、難波（今日大阪）、筑紫皆有鴻臚館，負責招待及管理到埗的遣唐使、新羅使節團、客商等等。

在三地之中，就數筑紫鴻臚館年代最久遠，可追溯到六六八年；而有實際考古發掘支持的，也只有筑紫鴻臚館。最初它以「筑紫館」的名稱出現，後來才參考中國官制，易名為「鴻臚館」。「鴻臚館」的名稱典故是中國自南北朝的北齊時期一直延續到清末設置的政府機關名稱「鴻臚寺」。「鴻」是「大」之意，「臚」則代表「訊息傳遞」。在中國，它負責外國使節的接待及朝貢等，用今日的講法就叫「迎賓館」。

筑紫鴻臚館位置謎團

關於筑紫鴻臚館的所在地，雖然曾經有一九二六年考古學者中山平次郎提出「福岡城位置說」，但由於福岡城及近代陸軍相關設施工程破壞土地結構的緣故，鴻臚館的確實位置一直被認為是無法確認的歷史謎團。

但是到了一九八七年，在福岡城三元丸和平台棒球場工程的發掘調查中，竟然意外發現了鴻臚館遺址，並出土大量進口陶瓷。福岡市教育委員不久即確認鴻臚館遺址分佈在棒球場和南側的網球場一帶，後來還興建了記錄當時貿易盛況的博物館，命名為鴻臚館跡展示館。

位於九州福岡縣福岡市的鴻臚館遺跡現在原地興建博物館，除了有真實發掘的考古遺跡外（中），還有復原的鴻臚館建築物模型（下）。

一九八七年博多港和平台棒球場工程的發掘調查中竟然意外發現了鴻臚館遺址，並出土大量進口陶瓷。福岡市教育委員不久即興建了記錄當時貿易盛況的博物館，命名為鴻臚館跡展示館。

遺址除了出土大量瓦片外，還有中國青瓷、伊斯蘭陶器、新羅陶器等舶來品。廁所遺跡則出土了許多木簡，寫着大宰府附近的地名，此外還有與大米、魚、鹿等食物有關，相信是款待客人的紀錄。從這些大量進口陶瓷、附牌木簡等，都足以證實這遺址正是筑紫鴻臚館。

文物對照揭謎團

寧波出發的新安沉船最終沒有來到博多港。但如果我們把新安沉船打撈出來的遺物跟鴻臚館出土的文物做個比較，抽絲剝繭之後，便可以揭開這個八百年前的謎團。

一三二三年春夏交替期間，可以承載二百噸貨物的貿易船從寧波出航。海上絲綢之路受到重視的原因是二百噸的載貨量等同一千隻駱駝，對於貿易商人來説是很吸引的。這船上原約有二十八噸的宋代銅錢、大量龍泉窯的青瓷，還有佛教用品，例如焚香的高級紫檀木。由於沉船出土的木簡上有寫着「東福寺」，目的地很大可能是平安京的東福寺——這東福寺規模很大，一直到今日還是京都重要的寺廟。根據日本的歷史記載，東福寺在一三一九年不幸遇到祝融之災，這些宋錢很大可能是運往京都熔掉重製佛像，也有另一種講法指當時北京的金價是日本的三倍，有日本商人前往中國用黃金購買當時日本市面通用的宋錢，運回日本從中獲利……

貿易船在前往日本途中或者遇到颱風，又或者遇到海盜（倭寇），所以遠離原本航道，來到韓國附近距離陸地不到二公里就沉沒了。

要是沒有在韓國沉沒，新安沉船定必安全來到博多鴻臚館，船上各人在養足精神補充糧食後，重新出海前往大阪、京都吧？

近距離看遺址地基

現在的鴻臚館是博多市重點博物館之一。在古代遺跡上建造的博物館，能近距離看見真正的鴻臚館地基、柱子、瓦片。此外還有飄洋過海來到日本的宋元朝精美陶瓷、西亞玻璃製品、伊斯蘭國家宗教器具、海路運送期間使用的工具、交易使用的貨幣等等，不能不慨嘆當時海上交通的繁榮發達。

透過遺址發現的建築材料、廁所、地基等結構，博物館還原了當時提供外國人住宿的旅館房間、飲食。用鴻臚館跟今時今日的觀光設備互相比較，也是很有趣的事情。

由於博多港除了中國商人，還有來自朝鮮的商人和使節團，所以博物館除了日文以及英文外，部分還有中文以及韓文說明，是一間對外國遊客友善的博物館。

鴻臚館出土文物記載了中國歷史上最繁盛的海上貿易年代，當時中國的沿海陶瓷工業發展達到巔峰。除了龍泉窰青瓷外，還有景德鎮等民窰出品，出口陶瓷基本上來自福建、浙江南部和江西。

古代中國商舶帶上大量瓷器，跨過海洋最遠抵達東亞、東南亞，甚至抵達波斯、歐洲。它們提醒了我們早就忽略的歷史上最容易發達的海上絲綢之路神秘的傳説。

香港文物探知館在二〇二四年八月十六日至二〇二五年二月十二日舉辦「南海一號與海上絲綢之路」展覽（上），當中的展品就是透過香港，把內地各地陶瓷運送到日本，以至世界各地。展品當中亦有白瓷（下），是唐宋年間日本相當受歡迎的產品。

防蒙古人侵襲的元寇防壘

雖然鴻臚館一直為外國人提供在日本短暫停留期間的接待服務，韓國的新安沉船也是代表雙方友好貿易的象徵，但在博多也有防範元朝軍隊進攻的遺址，那便是「元寇防壘」。

元寇防壘是鎌倉時代在北部九州博多灣沿岸為防範蒙古人（元寇）而建的軍事設施。一二八一年，蒙古高麗聯軍因防壘及颱風吹襲無法登陸，被逼撤退，日本意外避過一劫。原本一直以來這裏都稱為「石築地」，直至上文提過的考古學者中山平次郎在一九一三年報章發表〈元寇防壘的價值〉後，將之重新命名為「元寇防壘」，到一九三一年被指定為國家史蹟。地點有點偏僻，但假如開車前往憑弔也不是不可能的。

＊ 本篇部分相片由孫實秀先生友情提供，特此致謝。

鴻臚館跡展示館
福岡縣福岡市
中央區城内 1

元寇防壘
福岡縣福岡市西區
小户 1-35-3

岳陽樓記 3

隨明儒朱舜水遊東京庭園 讀〈遊後樂園賦〉憶范仲淹

「餓死首陽之山，義不食周粟」讓伯夷跟叔齊成為中國歷史上的義臣，名垂千古；明永曆十三年（一六五九年），也有明儒朱舜水不甘「毀冕裂裳、髡髮束手」，跟隨鄭成功北伐失敗後流亡日本九州長崎，後居江戶，誓死不事滿清；其事蹟傳回中國後，梁啟超甚至稱其為「清初五大儒」之一。朱舜水原名之瑜，字魯璵。一六〇〇年（明萬曆二十八年）在浙江餘姚出生。他為明代思想家、文史學家，也是影響日本德川治世時期之第一儒學家。

朱舜水前半生雖然不是明朝命官，仍然在華南奔走抗清，曾經去過越南。他與華南、日本、越南貿易籌集反清資金、支持南明魯王朱以海和台灣的鄭成功活動，更參加了永曆十三年的南京攻略戰。後來，他以明朝遺民身份東渡長崎，成為日本鎖國時期被德川幕府破例允許居留的華人。由於其高風亮節與過人學養，在柳川藩士安東守約等人奔走下，受德川幕府御三家的水戶藩藩主德川光圀禮聘為師，輔佐編纂《大日本史》以揚正統。他創立了以漢學為根基的水戶學，間接推動未來明治維新的尊王攘夷思想。

位於日本東京都心臟地帶的小石川後樂園是由明儒朱舜水設計建造，這座向中國園林藝術致敬的庭園融合中日美學，已有幾百年歷史。這裏同時是東京最知名的欣賞櫻花景點之一，每年四月都擠滿了來自世界各地的遊客。

東京有個無論欣賞櫻花還是紅葉都榜上有名的庭園名喚「小石川後樂園」，這座向中國園林藝術致敬、融合中日美學的庭園已有幾百年歷史。這庭園不但記載了避清明儒朱舜水跟水戶藩名君德川光圀的故事，朱舜水的〈遊後樂園賦〉更是中國辭賦史上唯一描寫外國庭園的賦篇。

小石川後樂園　傳名稱來自朱舜水

有學者認為「小石川後樂園」之名來自朱舜水的手筆，因「後樂園」一名首見於朱舜水〈遊後樂園賦〉。此地舊稱為「小石川」，屬德川幕府水戶藩第之地，又稱「小石川水戶邸」。

最初，朱舜水如何看待江戶，也就是四百年前的東京？朱舜水曾寫：「大東土雖

朱舜水以明朝遺民身份來到日本，對當時掌權的德川家有相當重要的影響。在庭園入口處，就有重用朱舜水的德川賴房、德川光圀等人及朱舜水的肖像畫。

庭園中有紀念中國歷史上商朝的忠臣伯夷和叔齊的得仁堂，典故來自《論語》「求仁得仁」。伯夷叔齊在周武王克商後，二人「不食周粟」、採薇充飢，後羞憤絕食而餓死。此二人在歷史上被多人推崇為賢人君子。

云荒瘠，雅不及於舊邦，若果能真心為之，世無不可教化之地。」而禮賢先生德川光圀在日本亦為美談：由於德川光圀不敢直稱朱之瑜其字「魯璵」，而再三詢問是否有庵齋之號，最後朱之瑜只好以家鄉「舜水」為號，以方便稱呼。朱舜水認為其行為有如戰國時代魏文侯禮遇子夏，曾書曰：「上公相遇，禮意勤拳，雖魏文侯之於子夏，不是過也。」

朱舜水的〈遊後樂園賦〉描寫大日本史編纂所從江戶彌生町搬到後樂園後，德川光圀邀請編史諸君及自己賞櫻之事。文首寫的「己酉春，三月十九日」換轉成日本的日子是「寛文九年」，也就是説寫於一六六九年（清康熙八年）。這時，德川光圀和朱舜水指導的水戶學派在日本文化及政治上的影響已經嶄露頭角。

朱舜水為這座糅合了明代中國園林藝術的日本庭院題名為「後樂」園，典故出自范仲淹〈岳陽樓

作為融合中日兩國美學的庭園，庭園裏有日式建築物，亦有中式建築物。

小石川後樂園中最有中國園林特色的圓形拱橋，帶有江南地區色彩。「後樂」園一名出自范仲淹〈岳陽樓記〉「先天下之憂而憂，後天下之樂而樂」名句。

記〉「先天下之憂而憂，後天下之樂而樂」名句。

此作品不但讚美庭園，還挪借代表漢朝盛世的〈上林賦〉，把日本水戶藩及德川光圀的功業勳績納入中國傳統道德文化來期許；在賦中描繪了後樂園山光水色、花樹華美之後，又指出身為君王重臣，不可以「樂其樂而忘其憂」，而應當是「大夫無夙退之委蛇，則君侯無燕寢之暇逸」，提醒藩主群臣要效法范仲淹在〈岳陽樓記〉說的：先天下之憂而憂，後天下之樂而樂，苦盡甘來的實踐王道過程。

朱舜水如何看待德川光圀，在〈遊後樂園賦〉亦有描述：「辟公而崇折節，高貴而慮下人。事皆出於誠然，意不尚乎虛飾。」

庭院中日融合　保留賦中風景

時至今日，走入東京這座四百年前興建的中日融合庭院，依稀還能找到當日〈遊後樂園賦〉描繪的情景：

盤蹬道，臨幽壑，度鵲橋，登飛閣。攀拂帽之垂條，躡微苔而履錯。豁然改觀，意氣軒軒，飛雙黃凫歟木末，寄笑傲兮乾坤。重霄響答，下瞰千門，其為樂也融融。

賦中提到的美景如「轉落英之曲逕，經臥波之長橋」，如「縈迴鳥道，瞥見平田」，都是今日小石川後樂園中仍然可見之景；賦中「容與蘇公之陂」，則是現在園內特別標示為重要景點的「西湖之堤」——蘇堤。日本人惜朱舜水之生涯，提出樂園中的「西湖之堤」是朱舜水懷念家鄉西湖山水而築。不過朱舜水首次遊園作賦便詠及蘇堤，時序似乎又難圓其說。撇開蘇堤不說，朱舜水確為後樂園設計了一座石拱橋，而且被稱頌為後樂園的精神象徵。這石橋坐落園西北丘陵，沉重的石橋坐落在幽靜的樹叢之後，如同端莊的儒生在他鄉默默哀悼故土。

雖說朱舜水在江戶的後樂園感懷明國之餘卻欣喜出仕明君，但這已經是東渡日本十年後的事了。

九州長崎反清復明的鄭成功相當知名，但其實朱舜水也曾經居住長崎一段時間，並寫下詩句感嘆自身不幸：

九州如瓦解，忠信苟偷生。
受詔蒙塵際，晦跡到東瀛。
回天謀未就，長星夜夜明。
單身寄孤島，抱節比田橫。
已聞鼎命變，西望獨吞聲。

望處旗亭新構，竹裏茅舍人家，
引來曲徑奇葩，鴻池諸白香茶。
醉倒渾忘法地，波查辟易攲斜。
歲暮冬衣難典，酒錢且自賒賒。

一六八二年五月二十四日，朱舜水以八十二歲高齡在江戶病逝，留下七言絕句：「漢土西看白日昏，傷心胡虜[1]抛中原。衣冠誰有先朝制，東海翻然認故園。」

作為前水戶藩領地範圍的東京大學農學院內，至今乃有「朱舜水先生終焉之地」的紀念碑。朱舜水的墓地跟隨明制而建，跟水戶藩歷代藩主一起埋葬在位於茨城縣常陸太田市瑞龍町的瑞龍山水戶德川家墓所。

獲德川光圀賞識

朱舜水離世後，德川光圀派人整理先生遺稿後出版了《舜水先生文集》全二十八卷。在日本終於遇到惺惺相惜的明君德川光圀，朱舜水的故事在日本流傳至今，兩人更被認

1 「抛」為日文字，即「據」。

為是中日友好的代表人物，常陸太田市更跟浙江省的寧波市以及餘姚市結為姊妹都市。

在東京鬧市中竟有如斯中日淵源深厚之勝地，遙想泱泱大明國儒生朱舜水流亡海外，最終成就德川水戶學，奠定二百多年幕府政治基礎，豈不唏噓！

＊本篇相片由宮寺理美小姐友情提供，特此致謝。

小石川後樂園
東京都文京區後樂
1-6-6

朱舜水先生終焉之地
（東京大學校園內）
東京都文京區彌生
1-1

瑞龍山水户
德川家墓所（非公開）
茨城縣常陸太田市
瑞龍町

出發長崎縣千里濱尋找鄭成功與他的日人母親

九州除了有不少韓國旅客，來自台灣地區的旅客也特別多，除了因為地理位置的原因之外，在九州很容易找到歷史上的交接點也是其中一個原因。平戶市千里濱海邊有個鄭成功雕像遠眺大海另一端，紀念這位明末清初中日混血民族英雄——國姓爺鄭成功；在雕像的附近沙灘還有石碑，相傳鄭成功之母——日本平戶村民女阿松在千里濱海邊拾貝殼時作動，產下這位未來成為英雄的男嬰。

當地人説，這個雕像跟矗立在福建省廈門岬鼓浪嶼的鄭成功像是相同的。

一六二四年七月十四日，鄭成功出生於日本國肥前國松浦郡平戶島。幼名福松，中國名鄭森，字明儼。日本名是田川福松。父親是以平戶為根據地活動的中國海商鄭芝龍，母親是平戶村內的民女田川松。

長崎縣平戶市向來推崇歷史文化旅遊，皆因長崎縣有太多跟外國的接觸。當荷蘭人還未在長崎縣的長崎市中心出島建立商館前，他們就在這裏的荷蘭商館進行貿易。此外，第一位到訪日本的英國人威廉·阿當斯（William Adams）亦是於平戶上陸。阿當斯

長崎縣平戶市千里濱海邊鄭成功紀念公園，鄭成功雕像遠眺大海另一端，紀念這位明末清初中日混血民族英雄。

後來還侍奉德川家康，改了個日本名字三浦按針。

鄭成功就是出生在這樣的長崎縣。

前往成功之道 尋找故居

在前往鄭成功出生地時，必定會看到一座醒目的中式牌坊聳立路邊，在其他日式平房中頗為突出，這正是前往鄭成功故居的入口。從牌坊到故居要走一段路，這段路被稱為「前往成功之道」，語帶雙關有個好意頭。鄭成功紀念館不過是個小房子，並不是什麼豪華的大型博物館。房子旁邊還設有休憩處，裏面有詳細的鄭成功生平及平戶歷史介紹，當中不乏荷蘭人及英國人的相關歷史。

每年的七月十四日鄭成功誕辰日，平戶還會舉行「鄭成功祭」和「平戶鑼鼓」，這些祭典已被納入平戶市國家指定重要無形民俗文化財等等。除了宏揚鄭成功的功績，亦能在後世傳達平戶跟鄭成功的緣分。

鄭成功父親鄭芝龍本是福建省泉州人，自稱「平戶老一官」。由於得到平戶藩主松浦隆信的信任住進了平戶，又娶了田川松。幼名田川福松的鄭成功小時候在平戶度過，七歲才搬到福建。

走入紀念館，除了「明永曆十二年晉封 延平郡王」的牌匾醒目地掛在頭頂，還放置了鄭芝龍的帆船模型。

至於在紀念館的和室中，則以人偶方式展現了四百年前，田川家的孩子鄭成功所過的傳統漁村生活。旁邊的房間，則配備了鄭芝龍在貿易方面的貢獻。當中還有鄭成功像以及當時的文獻。

海上英雄與媽祖像

由於鄭成功是海上的英雄，所以紀念館中亦有關於福建傳統民間信仰——媽祖的介紹。這裏有平戶市本來就一直保存着的古董媽祖像，年代已不可考；此外亦放置了一九九七年四月第八次台灣親善團到訪平戶時，送贈的彰化縣鹿港天后宮媽祖像。除了彰化縣外，還有台南市鹿耳門天后宮媽祖像也是由台灣團體送贈的。在媽

每年的七月十四日鄭成功誕辰日，以鄭成功紀念館為首，平戶市還會舉行「鄭成功祭」和「平戶鑼鼓」，這些祭典已被納入平戶市國家指定重要無形民俗文化財等等。

跟着公園內的多國語言告示板，能夠找到附近沙灘上為鄭成功的日本母親阿松在千里濱海邊拾貝殼時作動，產下男嬰而設的紀念石碑。

前往鄭成功出生地必經之中式牌坊，這段路被稱為「前往成功之道」，語帶雙關，有個好意頭。

祖的旁邊，還有一對樟木雕刻的神像，他們分別是千里眼和順風耳。看見那麼多的中式神祇，一時間還以為自己身在中式寺廟了。

紀念館負責人說年中不乏華人旅客到訪紀念館，因此紀念館亦備有中英文的介紹小冊子。至於平戶市本地的小孩子，更是無人不識鄭成功。舉目四望還見到小孩子的作品，畫中所繪的，都是他們心目中的抗清復明英雄。

在鄭成功紀念館旁邊還有相傳是鄭成功親手種植的竹柏樹。在樹木的旁邊有身穿和服的田川松及小時候的鄭成功雕像。這個雕像是平成二十年（二〇〇八年）十一月三十日被送到紀念館的。設計師名叫鄭萬進，是鄭成功第十一代孫。雖然鄭成功在平戶居住的日子只有短短七年，但鄭成功的弟弟卻一直住在平戶。一六三〇年，當鄭成功前往福建後，年幼的弟弟次郎左衛門和母親一起留在日本，並取代兄長成為田川家的嫡子，被命名為田川七左衛門。在長崎生意成功的七左衛門繼續與鄭成功寫信聯繫，在資金和物質方面幫助鄭成功建功立業。

寧死不屈的田川松

除了鄭成功紀念館，在田川松產下鄭成功的海邊亦有一座鄭成功廟。這是台南「明延平郡王祠」的分廟；而賞識鄭芝龍的松浦隆信，其家族的史料館——松浦史料博物館

二〇二四年是鄭成功出生四百周年，長崎縣平戶市舉辦紀念活動，推廣亞洲英雄事蹟。

鄭成功紀念館旁邊設有休憩處，裏面有詳細的鄭成功生平及平戶歷史介紹，當中不乏荷蘭人及英國人的相關歷史。

中亦展示了鄭氏的朱印以及鄭家使用的香爐。

田川松雖然身為女子，卻不乏氣節。作為鄭成功的母親，一六四五年應兒子之約前往泉州時遇上清兵，寧死不屈的母親最後自盡於泉州城內。對於平戶民女有如斯情操，田川松亦得到了平戶人世代尊崇。

平戶一帶還有個關於有田燒跟鄭成功的傳説。有田燒是長崎縣旁邊的佐賀縣出產的陶瓷，美名傳遍歐洲的伊萬里燒亦是產自有田。話説一六六〇年代開始生產的「柿右衛門樣式有田燒」（一種在乳白色上，以優雅紅色為主調，再利用留白繪圖的陶瓷），源於明朝的海禁政策影響景德鎮的陶瓷出口，鄭成功便為有田燒帶來了景德鎮的赤繪技術，因而流傳下來；不過亦有人說，這是初代酒井田柿右衛門發明的。真相如何，就不得而知了。

日本作品裏的鄭成功

除了平戶市之外，喜歡以歷史為題材的漫畫家安彥良和漫畫作品《麗島夢譚》中亦有鄭成功出現，故事中鄭成功轉生成熊本的天草四郎；而司馬遼太郎的長篇小説《大盜禪師》中，亦有鄭成功的蹤影。到了二〇〇一年，日中國交正常化三十周年紀念作品《英雄・鄭成功傳》亦以鄭成功為題材，由趙文卓主演鄭成功、田島陽子飾演田川松，在當

時的內地算是大製作。日本方面亦有發行，電影標題為《英雄　国姓爺合戦》（こくせんやかっせん）。

其實，平戸市早就因鄭成功跟附近其他地區結緣，當中包括：南安市、廈門市、台南市、金門縣。這些城市與平戸市都很重視鄭成功帶來的這段歷史緣分，以促進友好交流、經貿交流為目標，締結為友好都市。

最近，平戸市為了慶祝令和六年（二〇二四年）鄭成功冥誕四百年，當地的旅遊觀光推廣團體「平戸觀光協會」特別設立了「鄭成功誕辰四百周年紀念事業」委員會，除了恒常在七月十四日舉辦的活動，還會舉辦一連串鄭成功四百年誕辰祭，來自中國

鄭成功紀念館內的模型穿着鄭成功年代的服飾，分別是中國以及日本。

的訪問團也會參加。

鄭成功死後四百年，能擔當文化交流大使之使命，也算是長崎縣平戶市民們努力的成果了。

鄭成功紀念館
長崎縣平戶市川內町
1114-2

鄭成功紀念公園
長崎縣平戶市川內町
859-5132

廉頗老矣 5

日外交官陸奧宗光回憶錄記李鴻章馬關之行

對於任何讀過中國歷史課程的莘莘學子來說，「馬關」二字直接跟「喪權辱國」畫上等號。在中國歷史教科書中，朝鮮東學黨之亂引發滿清跟明治政府兵戎相見，最後在一八九五年，李鴻章遠赴日本與伊藤博文簽訂《馬關條約》。

當年簽訂《馬關條約》的城市已經改名「下關」，日本及滿清簽訂條約的地方成為了「日清講和紀念館」和知名河豚餐廳「春帆樓」。旁邊還有一條小徑，就直接命名為「李鴻章道」了。

對於條約內容與影響，中國歷史教科書都有詳細的解説，割地賠款不在話下，但有關李鴻章一行人在馬關度過的日子卻鮮有人提及，亦甚少提到李鴻章前往馬關前，在廣島發生的「全權大使」簽約失敗事件真正的來龍去脈。

簽訂《馬關條約》的城市已經由「馬關」改名「下關」，日本及滿清簽訂條約的地方成為了「日清講和紀念館」和知名河豚餐廳「春帆樓」(上)(左)。

紀念館旁邊還有一條小徑，這裏就是李鴻章在和談期間被日本狂徒暗殺的事發地點，事後就直接命名為「李鴻章道」了。

研究明治時代一手史料

紀念館外面有兩個銅像，分別是中國讀者相對熟悉的伊藤博文，還有當時另一位條約簽署人外交官陸奧宗光。他在甲午戰爭後寫下了回憶錄，翌年逝世。由於外務省視之為國家機密，這回憶錄一直到一九二九年才面世，書名為《蹇蹇錄》。透過陸奧宗光獨有的臨場感以及文獻依據，是研究日本明治時代重要一手史料。

例如，當時日本朝野上下都希望透過戰爭獲取最大利益，但《蹇蹇錄》卻記錄了谷干城子爵以一八六六年普魯士與奧匈帝國戰爭為例子，私函勸喻伊藤博文割地要求會阻礙日中長遠關係。不過谷干城也只能在信函提出，不敢公然發表。

在陸奧宗光筆下，李鴻章以及同行的伍廷芳、李經方在馬關的日子都有了生動真實的描寫。

紀念館外兩個銅像分別是伊藤博文（圖左）及陸奧宗光（圖右）。伊藤博文是日本第一任總理大臣，年青時曾經前往英國留學，對國際形勢有深厚認識。

《蹇蹇錄》為李鴻章平反

為何在李鴻章出發前，最初清政府派遣的張蔭恒和邵友濂兩人，於前往廣島後被日方拒之門外呢？雖然教科書上指出他們為「全權大臣」，卻忽略了後面的項目：「一面可電告總理衙門，奏請朕旨意並遵照施行。」換句話說，他們帶來的文件是皇帝敕諭，兩位「全權使臣」並非真正「全權」，跟伊藤博文、陸奧宗光並非完全對等的關係！

他們的任務只是來聽日方意見，通報總理衙門，再作有限談判，並非手執直接簽署條約的真正決策權力。此舉凸顯滿清落後世界的外交視野，儘管經歷過洋務運動，還未跟世界接軌。

根據陸奧宗光的敘述，伊藤博文曾私下對在天津時認識的伍廷芳說：「中國有許多慣例使政府往往不遵守各國通常例規，我們希望中國政府能根據國際公約常規處理事務。」伍廷芳就挑明問：「日方是否對這次中方大使官位名望不滿？」伊藤博文回答說：「不是，我國政府對具有正當全權委任狀的任何人都不會拒絕談判，當然名望越高就越適合進行談判，例如恭親王、李中堂（李鴻章）就很好。總而言之，一定需要能夠履行條約的掌權者。」這位伍廷芳正正就是香港首位華人立法會議員，其後亦跟隨李鴻章參與了馬關條約的簽訂。清光緒二十一年農曆三月二十日，採用西曆的日本已經踏入四月中的櫻花季節。陸奧宗光跟伊藤博文從廣島來到山口縣馬關，迎接中國最有威望的外交官李鴻章。

日本九州大學教授王孝廉在《春帆依舊在》書中，如此描述當時情景：

李鴻章帶着百多位隨從人員，乘着中國招商局的兩艘船進了關門海峽，船上裝着飲料水、蔬菜、食肉、做飯的廚具、吃飯的桌椅，船上還載着李鴻章專用的紅頂八人抬着的大轎子。

陸奧宗光早就聽聞過李鴻章的事蹟，亦在回憶錄中描寫本來的印象：

若對其品格做一個簡單評價的話，與其說是膽魄雄豪、才華俊逸、決斷果敢，不如說是為人機敏、富有奇智、視事態時機利害得失而決定取捨來得更合適……不像一般中國人任何事情都拘泥於繁文縟節、左顧右盼，他常常放逸不羈、獨具風采，言所欲言。

李鴻章跟伊藤博文本來就認識，但是陸奧宗光跟李鴻章卻是首次會晤。我們就透過《蹇蹇錄》，以陸奧宗光的眼睛案件重演李鴻章在馬關的日與夜。

……接到中國的消息後，我從東京前往廣島，三月十五日與伊藤博文一起再次重新任命為全權辦理大臣。我在三月十七日晚上離開廣島，十八日抵達馬關。十九日的清晨，伊藤博文才從廣島的宇品出發，李鴻章則從天津出發，兩人幾乎同時來到馬關。我立即向中國通報全權辦理大臣的官爵和姓名，並告知翌日即二十日舉行兩國全權大臣會面，屆時交換各自攜帶的全權委任狀。第二天互相查閱過後，終確定無任何問題。

第一天：

中方要求在講和談判之前先擬定休戰事項，我方表示需要等到正式會談討論。這天李鴻章不像年近古稀老人，言語爽快，還讚揚日本近來改革事業都出於伊藤博文。執政英明，兩國應該互相攜手共同對抗白色人種，言語中嬉笑怒罵、縱論滔滔，暗自抬高自己身份而博取我方信任之意，並未意識到清國節節敗退的立場。

第二天：

我方提出備忘錄回應中方昨日提出的建議，提出日軍佔領駐紮、軍費賠償等項目，表示中方若無異議將實行休戰具體計劃。李鴻章臉上出現驚愕神色口中連呼太過分，懇請我方另外提出緩和的草案，語氣言辭如怨如訴。伊藤博文指平息紛爭刻不容緩，希望中方三天內給予確實答覆。

在這裏，陸奧宗光對於後來海外報紙輿論指李鴻章是不折不扣的賣國賊一事作出了平反。百多年來都有傳言說李鴻章預先跟俄國與其他強國秘密協定，輕易答應割讓半島給日本，甚至說李鴻章離開馬關哄然一笑吐舌頭……陸奧宗光在回憶錄裏說，這些統統是無稽之談。

從回憶錄看李鴻章遇襲

接着來到《馬關條約》簽署事件的高峰——李鴻章遇襲。當時，陸奧宗光為了明天的會議做準備，特意留下了李鴻章的兒子李經方。還未開始談話，突然有人推門闖進來說，李鴻章在回程路上被暴徒以短槍襲擊，身負重傷。

我和李經方大為震驚，我說對這令人痛惜的事情，我們會盡力妥善處理，你快回到旅館照顧父親。我馬上趕到伊藤博文的寓所，結伴前往李鴻章居住的旅館表示慰問。消息火速傳到廣島大本營，聖上大為驚訝，立即派遣醫生；皇后也御賜了御製繃帶、派遣護士，給予相當隆重對待李鴻章遇襲後，日本朝野上下有些小插曲也為陸奧宗光記下了：

> 開戰以來，日本上下對中國官民恣意誹謗，甚至對李鴻章人身攻擊，言語污穢難以入耳；卻突然在李鴻章遇襲之後表示慰問，無非是想向海外表明暴徒行為不代表全體國民情感，害怕來自海外譴責，膚淺庸俗令人驚訝……李鴻章亦已看破世相，在發給北京政府的通知裏說日本官民對遇襲表示的痛惜，不過是粉飾外相。

如何對待敵國使臣，給予相當保護和尊重，是國際公法的慣例，陸奧宗光明白此際日方繼續對中國進攻在道義上就理虧。伊藤博文趕緊到廣島與文武眾臣會晤，最後經日皇裁定停戰。親身跑到李鴻章病床首先告訴李鴻章停戰條約一事的，正是留守馬關的陸奧宗光。

這就是歷史書說的「李鴻章受一槍，總算止住了滿清血流不止的傷口」。但李鴻章太命硬，這刻在病床上的他決不會知道未來還有更加喪權辱國的《辛丑條約》正等待着他。

甲午戰爭對中國與日本都是非常重要的外交歷史事件，日清講和紀念館、春帆樓，還有李鴻章遇襲的李鴻章道經過整備，留下非常重要的文物，每年有無數遊客前往憑弔。

紀念館內復原當時簽約的房間以及家具。條約上除了李鴻章外，還有他的兒子李經方。隨行官員還有香港首位華籍立法會議員伍廷芳。他是清末民初外交家、法學家、書法家。伊藤博文旁邊的陸奥宗光亦是知名外交官，根據他晚年寫下的《蹇蹇錄》指出，在會議時間以外，曾經多次跟李鴻章的兒子李經方溝通。

紀念館保持十九世紀佈置

走入紀念館，十九世紀的佈置還盡量保持原貌。

在可容納十六人的長桌上，懸掛了古色古香的巨燈。昏黃燈光照耀桌子上的毛筆、硯台和印泥。法國製的火爐靜靜地佇立旁邊，抵擋初春寒氣。

每一張椅子旁邊都有曾經的物主名稱及官爵位。

中日代表圍桌依序而坐，李鴻章左邊是兒子李經芳，接着是三名參事官和伍廷芳。李鴻章和李經芳之間還有個痰盂。

在明眼的現代人眼中，一切盡在不言中。

館內油畫《日清講和談判圖》中，日方代表是穿着德國普魯士軍服的首相伊藤與外相陸奧宗光，看上去英明神武；李鴻章、伍廷芳等人身穿馬褂、長辮垂腰、曲身拱手向日方低頭致意。中日極強烈的對比讓不少中國人潸然淚下。

紀念館內展示了《馬關條約》影印本，還有李鴻章跟伊藤博文的字畫並列在旁。李鴻章的「海岳煙霞」描述馬關風景，筆跡蒼勁有力；旁邊伊藤博文的字沒有李鴻章豪放不羈，但柔中帶剛，似乎暗示他能屈能伸的性格。

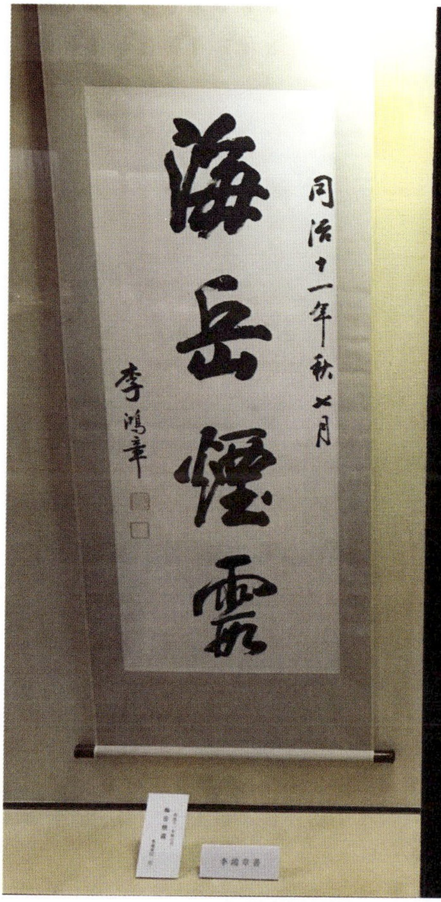

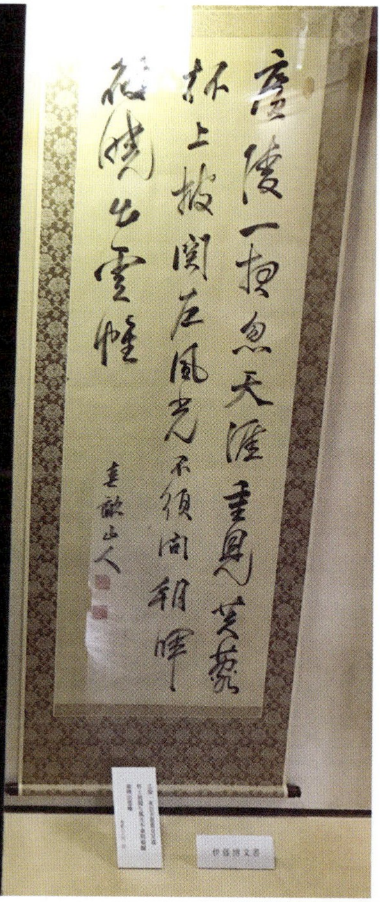

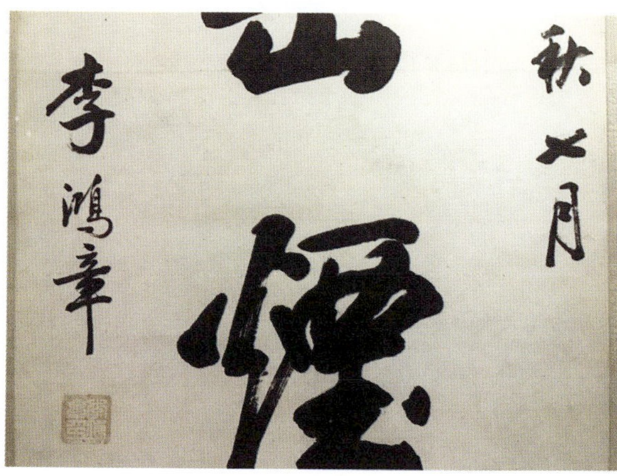

明治年間李鴻章作為中國代表，其談吐不凡與學識淵博深得日本人敬重。他留下的墨寶就放在紀念館內（上左）（左），旁邊是伊藤博文的（上右）。

實際上，兩人在《馬關條約》之前相識已久。李鴻章稱伊藤博文是「巍巍堂堂人中天」，伊藤博文則稱呼李鴻章為「李中堂」。

宰相有權能割地，
孤臣無力可回天！
扁舟去作鴟夷子，
迴首河山意黯然。

丘逢甲〈離台詩六首之一〉

一八九五年簽訂的《馬關條約》全文共十一條，是中國所有不平等條約中最苛酷的，台灣全島及所有附屬各島嶼及澎湖列島從此割讓日本。

陸奧宗光在《馬關條約》後，一邊對抗肺結核，一邊寫下《蹇蹇錄》，一八九七年於東京舊古河庭園長眠，享年五十三歲；李鴻章在一九〇一年簽訂《辛丑條約》後因胃血管破裂大量吐血，隔了兩個月終究藥石罔效病逝，享壽七十八歲。

而伊藤博文呢？他在一九〇九年於哈爾濱被韓國人安重根暗殺，其後在東京日本谷公園進行國葬，享年六十八歲。

《馬關條約》三位靈魂人物，就這樣完成歷史使命，跑完他們奔波勞碌的一生。

春帆樓
山口縣下關市
阿彌陀寺町 4-2

日清講和紀念館
山口縣下關市
阿彌陀寺町 4-3

參考資料

中文書籍

司馬遷：《史記（文白對照本）》（香港：中華書局，二〇二三）。

朱謙之編：《朱舜水集》（北京：中華書局，一九八一）。

梁啟超：《論李鴻章》（台北：中華書局，一九五八）。

陸奧宗光著，王宗瑜、趙戈非譯：《蹇蹇錄——甲午戰爭外交秘錄》（北京：生活．讀書．新知三聯書店，二〇一八）。

黃福慶：《清末留日學生》（台北：中研院近代史研究所，二〇一〇）。

董志翹：《大唐西域記譯註》（北京：中華書局，二〇一二）。

錢鋼：《海葬——大清海軍與李鴻章》（香港：中華書局，二〇一四）。

韓養民、唐群：《遣唐使在長安》（西安：陝西人民教育出版社，二〇二一）。

日文書籍

上田雄：《遣唐使全航海》（東京：草思社，二〇〇六）。

小坂文乃：《革命をプロデュースした日本人評伝梅屋庄吉》（東京：講談社，二〇〇九）。

小沢健志、上野一郎監修：《レンズが撮らえた幕末の写真師上野彦馬の世界》（東京：山川出版社，二〇一二）。

山岸良二：《小野妹子：海をわたった古代の外交官》（東京：ミネルヴァ書房，二〇一二）。

中華会館編：《落地生根——神戸華僑と神阪中華会館の百年》（東京：研文出版，二〇〇〇）。

井上靖：《天平の甍》（東京：新潮文庫，一九五七）。

吉川真司：《飛鳥の都〈シリーズ 日本古代史3〉》（東京：岩波書店，二〇一一）。

安部龍太郎：《平城京》（東京：角川文庫，二〇二一）。

安藤更生：《鑑真》（東京：美術出版社，一九五八）。

住吉大社：《遣隋使、遣唐使と住吉津》（東京：東方出版，二〇〇八）。

松尾光：《飛鳥奈良時代史の研究》（東京：花鳥社，二〇二一）。

直木孝次郎：《難波宮と難波津の研究》（東京：吉川弘文館，一九九四）。

邱永漢：《西遊記　実力狂時代の巻》（東京：中公文論新社，二〇一四）。

迫田ひなの、早田萌編：《長崎口と華蘭文化——異文化のさざ波—》（福岡：西南学院大学博物館，二〇二一）。
宮崎市定：《大唐帝国：中国の中世》（東京：中央公論社，一九八八）。
宮崎竜介、小野川秀美編：《宮崎滔天全集第一巻》（東京：平凡社，一九七一）。
島津忠夫：《新版　百人一首》（東京：角川ソフィア文庫，一九七三）。
専修大学・西北大学共同プロジェクト編：《遣唐使の見た中国と日本　新発見「井真成墓誌」から何がわかるか》（二〇〇五）。
崔淑芬：《来日中国著名人の足跡探訪——徐福・楊貴妃から蔣介石・周恩來・汪兆銘まで—》（東京：中国書店，二〇〇四）。
諏訪緑：《玄奘西域記》（東京：小学館，一九九二）。
舘野和己：《古代都市平城京の世界》（東京：山川出版社，二〇〇一）。
篠川賢：《日本古代の王権と王統》（東京：吉川弘文館，二〇〇一）。

中文論文

陳齡之、朱子昊：《孫中山與宮崎滔天筆談資料解題並錄文》，浙江工商大學東亞研究院。
趙修霈：〈從「禍階」到「禍首」：樂史《楊太真外傳》的書寫手法〉，《成功大學中文系成大中文學報》，第三十四期（二〇一一）。

蔡佳琳：〈朱舜水（一六〇〇－一六八二）的抉擇與遺民心境的轉變〉，《台灣師範大學歷史學系史耘》，二〇〇九年。

日文論文

内藤栄：〈創建期唐招提寺の造営経過〉，《藝叢：筑波大学芸術学研究誌》，三号（二〇〇〇），頁四九－六九。

史文昊：〈楊貴妃の伝説像再考　日本民話と『源氏物語』桐壺巻を中心に〉，京都先端科学大学人間文化学会、学生論文集編集委員会編集：《人文学部学生論文集》二十一号，（京都：京都先端科学大学人文学部，二〇二三），頁四六－六一。

西原正和：〈鑑真和上の功績を広めるために造園された唐招提寺薬園の歴史とその再興〉，《薬史学雑誌》，五十七巻二号（二〇二二），頁一二二－一二七。

陳曦子、陳訪澤：〈中国と日本における『西遊記』の再創作について　映画とテレビドラマの分野を中心に〉，アジア日本言語文化研究会（日本部会）編：《日本言語文化研究》第二巻（大阪：アジア日本言語文化研究会（日本部会），二〇二〇），頁三四－四一。

過放：〈在日中国人社会の変容：神戸華僑を中心として〉，神戸大学社会学研究会《社会学雑誌》，十一号（一九九四），頁一七三－二〇五。

黃可兒 著

責任編輯　白靜薇
裝幀設計　陳佩珍
排　　版　楊舜君
印　　務　劉漢舉

出版
中華書局（香港）有限公司
香港北角英皇道 499 號北角工業大廈 1 樓 B
電話：（852）2137 2338
傳真：（852）2713 8202
電子郵件：info@chunghwabook.com.hk
網址：http://www.chunghwabook.com.hk

發行
香港聯合書刊物流有限公司
香港新界荃灣德士古道 200 - 248 號
荃灣工業中心 16 樓
電話：（852）2150 2100
傳真：（852）2407 3062
電子郵件：info@suplogistics.com.hk

版次
2025 年 5 月初版

規格
16 開（230mm × 155mm）

ISBN
978-988-8913-49-7